Depuis plus de 20 ans, la vocation des éditions Play Bac est de créer des concepts innovants pour rendre la connaissance accessible et attractive.

C'est dans cet esprit que nous avons imaginé, avec *Ça M'intéresse,* une collection de calendriers chevalets permettant d'aiguiser chaque jour votre curiosité.

L'origine des expressions en 365 jours, c'est 365 occasions de remettre en cause vos certitudes et d'en apprendre toujours plus... Tout en s'amusant.

Les éditions Play Bac et *Ça M'intéresse* vous souhaitent une très belle année de découvertes.

« un rendez-vous quotidien et léger avec la découverte »

Les calendriers Play Bac :

des ouvrages pour tous les publics et toutes les envies

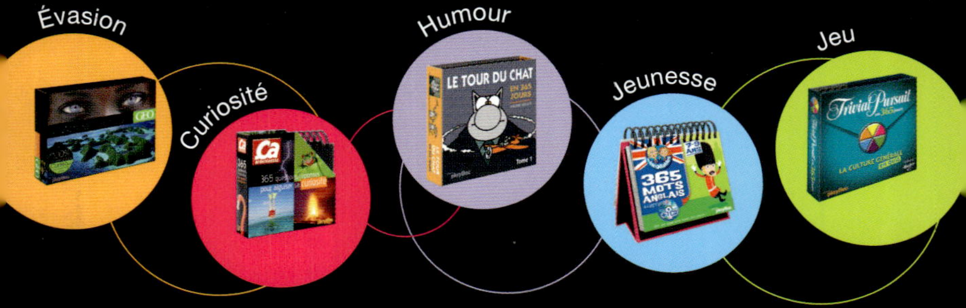

L'origine des expressions
en 365 jours

31 DÉCEMBRE St Sylvestre

Se mettre sur son trente et un

>> Porter ses plus beaux habits

Devenue un peu désuète aujourd'hui, cette expression a une origine assez énigmatique. Pour certains spécialistes, le « trente et un » serait une déformation de « trentain », un drap très luxueux, populaire du XIIe au XVe siècle et tissé à partir de trente centaines de fils. D'autres rappellent que le 31 était un jeu de cartes apprécié au XIXe siècle et dont la finalité était d'obtenir le nombre 31 avec ses cartes. Celui qui atteignait ce nombre avait donc le jeu le plus « beau ». Cependant, pour la plupart des linguistes, ces explications ne sont pas satisfaisantes. Ainsi le mystère demeure, comme pour beaucoup d'expressions formées de nombres.

1 JANVIER Jour de l'An

Minute, papillon !

>> Doucement !

L'origine de cette expression, apparue pour la première fois au XXe siècle, reste controversée. Pour certains historiens, il pourrait s'agir d'une allusion à ces jolis insectes volants qui, trop rapides, ne se posent jamais très longtemps. Une autre explication plus amusante attribue son origine aux années 1930 et à un serveur de café parisien nommé « Papillon ». Interpellé par des journalistes de son quartier qui fréquentaient régulièrement son établissement, il répondait chaque fois : « Minute, j'arrive. » Il aurait alors rapidement été surnommé « Minute Papillon ». Aujourd'hui, l'expression est employée pour signifier que l'on souhaite que son interlocuteur soit patient.

Avoir du pain sur la planche

>> Avoir du travail en perspective

À la fin du XIXe siècle, cette expression signifiait que l'on avait assez de réserves alimentaires pour affronter l'avenir. Les paysans se nourrissant essentiellement de pain, il était capital d'en posséder une grande quantité pour passer un bon hiver. Pourquoi la référence à la planche ? Parce que, après la cuisson, les pains étaient conservés sur une planche en bois. Une autre explication a été donnée : au XIXe siècle, les juges accordaient des rations de pain aux criminels condamnés à de longues peines. « Avoir du pain sur la planche » annonçait donc un avenir pénible, comme lorsqu'on a trop de travail.

Faire les quatre cents coups

>> Avoir une vie mouvementée

En 1621, la ville de Montauban est assiégée par les troupes de Louis XIII qui veulent mettre fin à l'indépendance de la cité protestante. Pendant deux mois, la bataille fait rage et cause la mort de plus de 16 000 personnes. Face à la résistance des Montalbanais, le roi excédé ordonne de tirer quatre cents coups de canon pour soumettre définitivement ces sujets insolents qui osent lui résister. Sans succès ! Au contraire, selon la légende, les habitants de Montauban semblent même en rire. « Faire les quatre cents coups » est depuis devenu synonyme de s'amuser.

L'argent n'a pas d'odeur

>> Peu importe l'origine de ses biens

Selon les historiens, cette expression doit son origine à l'empereur Vespasien qui régna sur Rome de 69 à 79. Pour renflouer les caisses de l'empire, ce gestionnaire rigoureux avait institué plusieurs nouveaux impôts dont l'un portait curieusement sur les toilettes publiques. Tout le monde se moqua de cette taxe et son propre fils Titus lui reprocha de l'avoir mise en place. Selon l'historien romain Suétone, l'empereur lui aurait mis sous le nez la première pièce provenant de cet impôt et lui aurait rétorqué : « L'argent n'a pas d'odeur ! »

Mort aux vaches !

>> À bas la police !

Au milieu du XIXe siècle, dans l'argot des bandits, ce paisible ruminant de nos campagnes symbolisait les forces de l'ordre. Certains pensent que c'est l'habitude des vaches de donner quelques coups de pied dévastateurs au moment où on s'y attend le moins qui est à l'origine de ce curieux sobriquet. D'autres datent plus précisément cette expression de 1870 quand, sur les postes de garde allemands, était écrit *Wache* qui signifie « garde ». Les Français et les Allemands s'aimant fort peu à cette époque, le cri de « Mort aux *Wache* ! » retentissait fréquemment. Cette insulte sera ensuite destinée aux policiers et aux gendarmes.

Saisir la balle au bond

>> Saisir une occasion favorable

Employée depuis le XVIIe siècle, cette expression ne provient pas du tennis mais de son ancêtre français, le jeu de paume. Les règles de ce sport interdisaient aux joueurs de laisser rebondir la balle à terre plus de deux fois consécutives. Il était en effet possible de la faire taper sur le mur plusieurs fois à la suite, mais pas au sol. Les bons joueurs, qui étaient pourvus d'adresse et de réflexes, « saisissaient la balle au bond » et même, pour certains, avant qu'elle ne touche le sol.

« Être le talon d'Achille »

>> Être le point faible

Attestée depuis le XVIIIe siècle, cette expression doit son origine à Achille, l'un des héros de la mythologie grecque. Célèbre pour son courage et sa vaillance, ce guerrier était devenu presque invincible grâce à sa mère, la déesse Thétis, qui l'avait plongé dès sa naissance dans le Styx. Or ce fleuve avait la particularité de rendre immortels ceux qui touchaient ses eaux. Mais la déesse avait omis d'immerger le talon par lequel elle tenait l'enfant. Quelques années plus tard, lors de la guerre de Troie, Achille reçut une flèche au talon, seule partie vulnérable de son corps, qui le blessa mortellement.

27 DÉCEMBRE St Jean l'Apôtre

« Trier sur le volet »

>> Sélectionner avec soin

Cette expression est peu compréhensible si on ignore les différents sens du mot « volet » au Moyen Âge. À cette époque, il désignait en effet un grand tamis utilisé pour trier les grains. Pour certains linguistes, il était parfois si léger qu'il volait au vent, ce qui lui a donné son nom. Le « volet » était aussi une assiette en bois sur laquelle on séparait les pois des fèves. Populaire dès le XVIe siècle, l'expression a été employée dans la littérature aussi bien par Rabelais que par Montaigne. « Trier sur le volet » n'a donc aucun rapport avec les fermetures de nos fenêtres. La preuve ? Les volets ne sont apparus qu'au XVIIIe siècle !

Ça me fait une belle jambe !

>> Ça ne me sert à rien !

Pour la majorité des linguistes, cette expression est née pendant la Renaissance, à l'époque où les hommes abandonnèrent les robes qui dissimulaient jusque-là leurs jambes. Au XVIIe siècle, le galbe de la jambe est donc devenu très important et les jeunes gens veillaient à leur apparence. Certains coquets portaient même des rubans sur leurs bas de soie. Ils se faisaient alors une « belle jambe », c'est-à-dire qu'ils faisaient les beaux, se pavanaient. Aujourd'hui, l'expression a pris un sens complètement ironique puisque justement le fait d'« avoir une belle jambe » ne sert plus à rien.

Foncer bille en tête

>> Faire quelque chose sans réfléchir

La bille dont il est question dans cette expression du XXe siècle est en réalité la boule de billard. Dans le vocabulaire des amateurs de ce sport, « attaquer bille en tête » signifie que le joueur frappe avec sa queue la tête de la boule, c'est-à-dire sa partie supérieure, avec force. Ce coup fait un bruit sec et la boule part rapidement. Cette technique est particulièrement franche et audacieuse. L'expression est donc passée dans le langage courant pour qualifier les actes impulsifs, mais souvent efficaces.

Être connu comme le loup blanc

>> Être très connu

Connue depuis le XVIIe siècle et devenue populaire au XIXe, cette expression doit son origine à l'ancestrale peur des loups. Au Moyen Âge, ces carnivores représentaient une menace non seulement pour les troupeaux de moutons, mais aussi pour les enfants des villages. Il était donc indispensable de mettre en place une surveillance étroite autour des villes. Les loups blancs, très rares, étaient localisés plus facilement que les gris en raison de la singularité de leur apparence. « Être connu comme le loup blanc » signifiait qu'on était facile à repérer et donc connu de tous !

« Faire des jérémiades »

>> Se plaindre sans cesse

Cette expression doit son origine au prophète Jérémie qui vivait au VIIe siècle av. J.-C., une époque particulièrement douloureuse pour les Juifs. Ses prophéties annonçant toujours des catastrophes, comme la prochaine victoire des Babyloniens ou l'exil des Juifs, il devint vite impopulaire au sein de son peuple et s'en plaignit à Dieu. L'énumération de ses souffrances a donné naissance aux « jérémiades », qui désignent des plaintes répétées finissant par agacer ceux qui les écoutent. Cri du cœur légitime chez Jérémie, elles sont devenues des gémissements lassants dans le langage actuel.

« Franchir le Rubicon »

>> Prendre une décision irréversible

Cette expression est une allusion à l'un des épisodes de la vie de Jules César, avant qu'il devienne le maître de l'Empire romain. En 49 av. J.-C., après avoir vaincu les Gaulois, il traversa le fleuve Rubicon avec son armée pour se rendre à Rome. À cette époque, le fleuve formait la frontière entre la Gaule et l'Italie. Or il était interdit à un général romain d'entrer en armes en Italie, les autorités romaines se protégeant ainsi de menaces militaires internes. En traversant le fleuve, César déclarait donc la guerre à l'Italie puisqu'il violait la loi. Il eut ces mots célèbres : *« Alea jacta est »* (« le sort en est jeté ») ! »

Mettre la table

>> Mettre le couvert

Sous l'Ancien Régime, les nobles seigneurs voyageaient de château en château au fil des saisons. Leurs domestiques transportaient chaque fois leurs bagages et une partie de leur mobilier. En effet, leurs demeures étaient immenses et somptueuses mais, le plus souvent, dépourvues de meubles ! À l'heure du déjeuner, on mettait donc la table, au sens propre, en disposant une grande planche sur deux tréteaux que l'on avait apportés. À la fin du repas, les serviteurs enlevaient le couvert et démontaient aussi la table.

Être sur la sellette

>> Être exposé à la critique

Cette expression, connue dès le XVIe siècle, est apparue dans l'univers de la justice. Dans les tribunaux de l'Ancien Régime, les accusés étaient en effet généralement interrogés sur un petit siège de bois, très bas, appelé « sellette ». Ils étaient ainsi doublement en difficulté : par leur position tout d'abord, car ils étaient immédiatement placés en situation d'infériorité face au juge qui les dominait. Et aussi parce qu'ils étaient soumis, sur ces sièges inconfortables, à un interrogatoire particulièrement sévère.

« En voiture, Simone ! »

>> Allons-y !

C'est Simone Louise de Pinet de Borde des Forest qui est à l'origine de cette expression. Cette jeune fille a acquis une petite célébrité en 1929 en passant son permis de conduire à l'âge de 19 ans, chose rarissime pour une femme de l'époque. Son nom reste associé à une expression populaire : « En voiture, Simone, c'est moi qui conduis, c'est toi qui klaxonnes ! » L'histoire en serait restée là sans le jeu télévisé *Intervilles* (à partir de 1962), présenté par l'animateur Guy Lux en compagnie de Simone Garnier. Avant de commencer chaque épreuve, il lançait un amusant « En voiture, Simone ! » à sa camarade, en référence à la célèbre pilote. »

"Blanchir sous le harnais"

>> Acquérir de l'expérience

Apparue au XVIIe siècle, cette expression s'appliquait aux vaillants combattants des champs de bataille médiévaux. Dès le Moyen Âge, le « harnais » désignait en effet l'armure ou l'équipement d'un homme d'armes. L'expression faisait ainsi référence aux chevaliers qui portaient des cheveux blancs sous l'armure, vieillis par leur expérience dans les combats. Par extension, l'expression s'est étendue à tous les métiers avant de devenir, dans le langage courant, le synonyme d'« acquérir de l'expérience ».

Une victoire à la Pyrrhus

>> Une victoire chèrement acquise

Cette expression doit son origine à un roi de l'Antiquité. Souverain de l'Épire, un ancien royaume des Balkans, Pyrrhus était parvenu à battre deux fois les Romains dans le sud de l'Italie : à Héraclée, en 280 av. J.-C., et à Ausculum, un an plus tard. Mais à ceux qui le félicitaient, il répondait : « Encore une victoire comme celle-là et nous sommes perdus ! » En effet, même si les troupes romaines comptaient plus de victimes, elles pouvaient recruter de nouveaux soldats alors que la population de l'Épire, elle, était limitée. D'ailleurs Pyrrhus dut renoncer à conquérir l'Italie pour cette raison.

« Manger son chapeau »

>> Avouer s'être trompé, avec humilité

Apparue au xxe siècle en France, cette expression pourrait être une traduction de l'anglais *I'd eat my hat if…*, qui signifie : « Je mangerais mon chapeau si… » La première version écrite est apparue en 1837 chez Charles Dickens qui écrivait, dans *Les Aventures de M. Pickwick* : « Si je connaissais la vie aussi peu que cela, je mangerais mon chapeau et sa boucle avec ! » D'autres historiens pensent que l'expression provient du verbe « avaler » qui, en ancien français, signifiait « abaisser ». « Avaler son chapeau » était donc prendre une position humble, en retirant son couvre-chef.

« Malheur aux vaincus ! »

>> Le vaincu est à la merci du vainqueur

Cette expression est un héritage du terrible chef gaulois Brennus, qui assiégea Rome au IVᵉ siècle av. J.-C. Réfugiés dans la citadelle du Capitole, les Romains furent alertés d'une attaque nocturne par le tapage que les oies qu'ils élevaient firent à l'approche des Gaulois. Après sept mois de siège infructueux, le chef gaulois accepta de partir en contrepartie d'une énorme rançon de pièces d'or. Lors de la pesée des pièces, il ajouta de faux poids ainsi que sa lourde épée dans la balance pour augmenter le poids du tribut. À ses adversaires dépités, il cria sans pitié : « *Vae Victis !* », c'est-à-dire : « Malheur aux vaincus ! »

Un vent à décorner les bœufs

>> Un vent très violent

Aucun vent, même les rafales du mistral le plus violent, n'est capable d'arracher ses cornes à un bovin. Mais cette expression a tout de même un rapport avec les bœufs. Attestée depuis le XIXe siècle, elle signifie en effet que les jours de grand vent sont les plus appropriés pour couper les cornes de ces animaux. En effet, ces jours-là, les insectes ne peuvent pas se poser sur les plaies provoquées par cette opération et y pondre leurs œufs, générateurs de terribles infections chez les animaux. De plus, un vent très violent permet aux plaies de sécher plus rapidement.

Le dernier des Mohicans

>> L'ultime représentant d'une cause

Cette expression provient d'un **célèbre roman** de la littérature américaine du XIXe siècle. En 1826, Fenimore Cooper retrace une histoire tragique dans son ouvrage *Le Dernier des Mohicans*. Il y met en scène un combat entre Magua, un guerrier de la tribu indienne des Hurons, et **Uncas, le dernier des Mohicans**. Celui-ci, ultime descendant de son ethnie, aura un destin aussi tragique que celui du peuple indien en Amérique. Plusieurs fois porté à l'écran, **le roman a donné naissance** à cette expression qui désigne ceux qui osent porter une cause alors même qu'elle semble perdue.

De but en blanc

>> Brusquement, sans détour

Deux explications sont données par les linguistes sur l'origine de cette expression, attestée dès le XVIIe siècle. Pour les uns, la « butte » était le nom du monticule de terre sur lequel était placé le canon pour l'entraînement au tir. La cible à atteindre étant souvent blanche, elle était désignée par le terme « blanc ». Connue sous une première forme, « tirer de butte en blanc », l'expression rappelait la trajectoire du boulet, de la butte à la cible. Elle mettait donc en avant la rapidité de l'action. Pour d'autres linguistes, les mots « but » et « blanc » sont synonymes. Le sens de l'expression était donc « passer brusquement de cible en cible ».

Rester sur le carreau

>> Être à terre, abandonné

Employée depuis le XVIIe siècle, cette expression trouve son origine dans l'univers du jeu de paume, ancêtre du tennis qui connut un immense succès jusqu'au XVIIe siècle. Le sol des terrains étant carrelé de tommettes en terre cuite ou en pierre, de nombreux participants se blessaient en tombant sur ce sol si dur et « restaient sur le carreau ». Certains mouraient même après une partie de ce sport particulièrement éprouvant, comme les rois Louis X le Hutin en 1316 ou Charles VIII en 1498. Souvent, les autres joueurs n'avaient aucun scrupule à continuer à jouer, amplifiant encore la notion d'abandon que comporte l'expression.

« Il n'y a pas le feu au lac ! »

>> Il n'y a pas d'urgence

L'expression d'origine, qui date du XXe siècle, était plus simplement « il n'y a pas le feu » ou même, sous sa forme familière, « y a pas l'feu ». Pour quelle raison a-t-elle été complétée par une référence à un lac ? L'explication la plus plausible est que ce lac désigne le Léman, le plus grand lac suisse. L'absurdité d'une eau en feu dénote bien la plaisanterie. L'expression serait donc une manière de se moquer gentiment des Helvètes, dont la lenteur est proverbiale… Surtout si on l'énonce avec l'accent suisse !

Blanchir de l'argent sale

>> Recycler l'argent d'activités illicites

Cette expression est une allusion aux capitaux que l'on qualifie de « sales » car acquis illégalement via le trafic de drogues et d'armes ou la prostitution. Le blanchiment de l'argent sale est le processus visant à réinjecter dans l'économie légale ces profits illégaux afin de les rendre « propres ». Certains linguistes avancent une autre explication peu vraisemblable. Pour eux, l'expression serait une allusion au rachat par le gangster Al Capone d'une chaîne de blanchisseries. Il pouvait ainsi recycler les ressources tirées de ses nombreuses activités illicites. Seul souci : l'expression s'est popularisée dans les années 1970, quarante ans après l'époque du terrible Al Capone !

Avoir maille à partir avec quelqu'un

>> Avoir un différend avec quelqu'un

Cette expression, qui n'a rien à voir avec le tricot ou avec la laine, était connue jusqu'au milieu du XVIIe siècle sous la forme « maille à départir ». La maille dont il s'agit était une pièce de monnaie médiévale d'une valeur infime, équivalant à la moitié d'un denier, et le verbe « départir » signifiait « partager ». Lorsque deux personnes devaient se partager ou départir une maille, cela provoquait inévitablement des différends ou une querelle, car il est bien trop difficile de diviser ce qui n'a presque aucune valeur.

« Être dos au mur

>> Être obligé de faire face

Pour la plupart des historiens, cette expression trouve son origine dans les salles d'escrime. Lorsqu'un fleurettiste recule trop pour parer une attaque ou éviter un danger, il finit forcément par se retrouver « dos au mur ». Dans cette position, il n'y a plus d'échappatoire : il faut avancer de nouveau et affronter son adversaire pour avoir une chance de renverser la situation. Pour d'autres, cette expression fait allusion aux fusillés, le dos au mur devant le peloton d'exécution. Dans leur position tragique, ils ne peuvent plus, hélas, que faire face avec courage. »

Verser un pot-de-vin

>> Payer illégalement pour une faveur

Usitée dès le XVIe siècle, cette expression désignait à l'origine le fait de donner une récompense à quelqu'un pour un service rendu ou à rendre. Le plus souvent, il s'agissait d'une petite somme d'argent permettant de s'offrir un verre. C'était donc un « pourboire », c'est-à-dire littéralement quelque chose « pour boire ». Puis le sens a évolué au fil des siècles, avec une connotation beaucoup moins innocente : un « pot-de-vin » désigne aujourd'hui la somme d'argent versée de manière illégale à une personne dans le but de bénéficier d'un avantage quelconque de sa part.

Apprendre par cœur

>> De mémoire

Cette expression existait déjà dans l'ancien français du Moyen Âge, à l'époque où l'une des significations du mot « cœur » était la « mémoire » et, dans certains cas, l'« imagination ». On utilisait même l'expression « dîner par cœur » quand il ne restait rien à manger et que l'on n'avait pas d'autre choix que de penser aux plats dégustés par le passé. Un véritable repas virtuel ! Le lien entre « mémoire » et « cœur » n'existe plus véritablement aujourd'hui, si ce n'est sur un point : on oublie rarement ce que l'on aime ou ce qui a provoqué une émotion !

« Avoir du toupet »

>> Avoir du culot

L'origine de cette expression, popularisée dès 1808, est assez mystérieuse car le toupet est une mèche de cheveux qui n'a, semble-t-il, que peu de rapport avec l'aplomb ou l'audace. Il y aurait pourtant un lien. Selon certains linguistes, elle serait une allusion aux tueurs à gages que les seigneurs du XVIe siècle employaient parfois pour éliminer leurs rivaux. Ces assassins, pour tuer, se dissimulaient derrière une tresse de cheveux, un toupet, qu'ils rabattaient sur leur visage. Aujourd'hui, le sens est beaucoup plus mesuré : on peut avoir « du toupet » sans pour autant avoir l'intention de tuer son prochain !

Faire des économies de bouts de chandelles

>> Faire des économies insignifiantes

Cette expression a été forgée sous l'Ancien Régime, quand la flamme des bougies était la seule source de lumière dans les maisons dès que la nuit tombait. Pour la plupart des linguistes, elle viendrait de l'habitude de certains domestiques de revendre les bouts de chandelles non consumées aux marchands de bougies. C'était une manière facile de faire de petites économies. Il faut cependant noter que, au XVIIe siècle, l'expression était assez méprisante : on considérait comme mesquin le fait de chercher à gagner de l'argent sur un bien aussi précieux que la lumière.

Jeter l'éponge

>> Abandonner

Cette expression, qui semble avoir été employée pour la première fois vers 1918 en France et depuis 1877 en Grande-Bretagne, n'est pas née dans la cuisine ou dans la salle de bains. Elle a pour origine une habitude prise lors des combats de boxe. L'entraîneur jette l'éponge – qui sert pendant les pauses à nettoyer le visage des boxeurs trempés de sueur et à les rafraîchir – lorsque son boxeur abandonne. En voyant celle-ci sur le ring, l'arbitre fait immédiatement cesser le combat.

« Passer le témoin »

>> Transmettre la responsabilité d'une chose

Selon les linguistes, cette expression vient d'une ancienne pratique des pompiers américains. En 1893, ils avaient organisé une course où les membres se passaient un drapeau rouge tous les 300 m. L'idée séduisit et, dès les Jeux olympiques de Stockholm en 1912, les courses de relais 4x100 mètres et 4x400 mètres furent programmées. Et le drapeau, « témoin » du passage, fut changé en bâton en bois de 30 cm de long. En passant de la main d'un coureur à celle d'un autre, il garantissait que le relais avait été opéré dans les règles et sans tricheries. L'expression s'est popularisée au XXe siècle.

Espèces sonnantes et trébuchantes

>> Argent liquide

Au Moyen Âge, les pièces de monnaie mises en circulation n'étaient pas toutes de même qualité. Plus la proportion d'or ou d'argent dans leur alliage était importante, plus elles tintaient ou sonnaient, rassurant ainsi ceux que l'on payait. Mais le son ne suffisait pas toujours. Les créanciers pouvaient aussi utiliser une petite balance, le trébuchet, pour vérifier le poids des pièces et leur valeur réelle. Les « espèces sonnantes et trébuchantes » avaient donc toutes les qualités pour servir de moyen de paiement authentique et fiable.

« Faire un pataquès »

>> Faire une gaffe

L'origine de cette expression serait une scène amusante survenue en 1784 dans un théâtre parisien. Ayant trouvé un éventail, un spectateur interrogea ses deux voisines sur la propriété de cet objet. La première lui répondit : « Il n'est point-z-à moi » et la seconde : « Il n'est pas-t-à moi. » Moqueur, le jeune homme leur répondit en les imitant : « Il n'est point-z-à vous, il n'est pas-t-à vous, ma foi, je ne sais pas-t-à qu'est-ce ! » Cette raillerie serait restée dans l'histoire. Dès la fin du XIXe siècle, le « pataquès » est devenu par extension une faute grossière de liaison, puis une gaffe et parfois le fait de faire une histoire pour des choses sans importance. »

Faire un bide

>> Subir un échec

L'expression initiale « faire un bidon » serait apparue à la fin du XIXe siècle, avant de se transformer en « faire un bide » au milieu du siècle suivant. Elle a été forgée dans le monde du spectacle pour **se moquer des acteurs** ou des musiciens qui n'avaient pas été brillants et qui sortaient sous les huées. Pour certains, on employait cette expression quand le comédien **se prenait les pieds** dans le décor et s'étalait sur le ventre. Pour d'autres, les railleries rendaient l'humiliation des acteurs si grande qu'ils auraient même pu fuir **en rampant sur le ventre**, donc sur le « bide ». Et pourquoi le ventre est-il surnommé le « bidon » ? Parce que certains prennent parfois l'apparence de ces gros récipients !

12 DÉCEMBRE Ste Jeanne-Françoise de Chantal

Manger son pain blanc le premier

>> Commencer par les meilleures choses

Les écrivains employaient déjà cette expression sous l'Ancien Régime où les pains étaient beaucoup plus variés qu'aujourd'hui et faisaient office de plat principal. À cette époque, les paysans faisaient eux-mêmes leur pain à base de céréales : il devenait brun ou noir après la cuisson et n'était pas réputé pour sa finesse. Les plus riches pouvaient en revanche s'acheter du pain blanc, préparé à base de farine blanche, plus raffinée et plus coûteuse. Par analogie, une période riche ou heureuse était donc symbolisée par le pain blanc !

« Une grenouille de bénitier »

>> Une personne trop dévote

Placés à l'entrée des églises, les bénitiers sont les petites vasques remplies d'eau bénite dans lesquelles les chrétiens trempent le bout de leurs doigts avant de faire un signe de croix. Les femmes très croyantes qui passent leur temps à proximité de ces bénitiers pourraient avoir été comparées aux batraciens qui restent des heures sur les bords de la mare. Mais cette expression pourrait aussi être une allusion aux bavardages incessants de ces femmes, assimilés aux coassements des grenouilles. Elle pourrait enfin être une déformation du verbe « grenouiller », qui signifie « magouiller » ou « cancaner ».

« Faire le matamore »

>> Faire le fanfaron

Cette expression est une allusion à Matamore, personnage comique du théâtre espagnol du XVIe siècle dont le nom signifie « tueur de Maures », c'est-à-dire de musulmans. Pourquoi ce nom pour le moins choquant ? Parce qu'il a été créé à l'époque où les Espagnols venaient de se libérer de plusieurs siècles de domination arabe sur leur pays. En réalité, ce « tueur de Maures » n'était qu'un bouffon, un fanfaron qui reculait devant la moindre menace. Le nom de ce vantard, employé depuis la fin du XVIe siècle, désigne aujourd'hui ceux qui se gargarisent d'exploits parfaitement imaginaires.

« Être au septième ciel »

>> Être très heureux

Cette expression est liée à la curieuse manière qu'avaient les Grecs de l'Antiquité d'imaginer l'Univers. Dans leur esprit, celui-ci était formé de sept sphères, chacune représentant un ciel. « Être au septième ciel », le plus proche de la résidence des dieux, était donc l'assurance d'un grand bonheur, le symbole du ravissement suprême. Le progrès de la science sur la réalité du cosmos et les découvertes de Copernic n'y ont rien changé : le « septième ciel » est resté le lieu du bonheur absolu.

« Faire cavalier seul »

>> Agir en solitaire

Contrairement à ce que l'on pourrait penser, cette expression ne provient ni du monde militaire ni des spectacles équestres. Elle est empruntée à l'univers de la danse, et plus précisément à celui du quadrille. Cette danse, très populaire au XIXe siècle, donnait lieu à l'exécution de plusieurs figures en couple ou à plusieurs cavaliers. Mais l'une d'entre elles était dansée par un homme seul : c'était le « cavalier seul ». Ayant quitté le monde de la danse, l'expression « faire cavalier seul » signifie aujourd'hui « agir sans l'aide de personne ».

« Filer un mauvais coton »

>> Avoir des ennuis

Née au XIXe siècle, cette expression provient d'une tournure plus ancienne, « jeter un vilain coton ». Elle était employée fréquemment dans les ateliers de tisseurs au siècle précédent pour indiquer que le coton produit n'était pas de bonne qualité ou qu'une étoffe prenait un aspect cotonneux, ce qui lui faisait perdre une grande partie de sa valeur. « Filer un mauvais coton » s'applique donc aux individus dont la situation prend une mauvaise tournure, en raison d'ennuis quelconques. Dans ces cas-là, il est important de réagir pour revenir dans le droit chemin !

Pendre la crémaillère

>> Fêter son installation

Cette expression figure dans la première édition du dictionnaire de l'Académie, dès 1694. Elle évoque la « crémaillère », chaîne ou tige en métal dotée de crans à laquelle on suspendait les marmites pour les réchauffer au-dessus du feu de la cheminée. Cette locution désigne le moment où l'on prépare un repas festif pour célébrer son arrivée dans un nouveau logement. L'allusion à la cheminée, à sa chaleur et à la symbolique du feu est perçue par les historiens du langage comme renforçant l'aspect convivial de cette fête.

23 JANVIER St Barnard

Rester en carafe

» Être abandonné

Les linguistes sont formels pour dater cette expression de la fin du XIXe siècle. Mais ils ne sont pas tous d'accord lorsqu'il s'agit d'expliquer son origine. Pour certains, elle provient du sens argotique du mot « carafe », c'est-à-dire la « bouche ». Dans le langage populaire de l'époque, on disait en effet d'une personne hébétée, bouche bée, abandonnée de ses auditeurs, qu'elle était « en carafe ». Pour d'autres, le mot « carafe » est à rapprocher de « cruche ». Ainsi, celui qui « reste en carafe », isolé, se retrouve donc comme une cruche, c'est-à-dire, dans le langage populaire, comme un parfait imbécile.

« Être un crack »

>> Être très fort

Depuis le début du XIXe siècle, le « crack » est le surnom du poulain le plus rapide d'une écurie, celui qui montre des qualités de vitesse exceptionnelles et qui l'emporte lors de toutes les courses auxquelles il participe. Ce curieux surnom est issu du verbe anglais *to crack up*, que l'on peut traduire par « vanter les qualités de quelqu'un » ou « faire ses louanges ». Au milieu du XIXe siècle, l'usage de l'expression « être un crack » est devenu fréquent pour désigner les champions des grandes courses dans le langage hippique, puis quelqu'un d'exceptionnel dans le langage courant du XXe siècle.

Rien de nouveau sous le soleil !

>> Rien ne change vraiment !

D'origine religieuse, cette expression très ancienne est tirée de l'Ecclésiaste. Il s'agit de l'un des livres de l'Ancien Testament rédigé en hébreu, au IIIe siècle av. J.-C., par un auteur se décrivant comme le fils de David et le roi d'Israël et qui comprend de nombreux aphorismes et maximes. Son verset 9 est composé ainsi : « Ce qui a été sera, ce qui s'est fait se fera ; Et il n'y a rien de nouveau sous le soleil. » Un texte complexe qui signifie simplement que, comme le soleil, la plupart des choses de ce monde sont permanentes et n'évoluent guère.

Passer par la bande

>> Obtenir quelque chose par une voie détournée

Cette expression appartient à l'univers du billard. La table sur laquelle on pratique ce sport est recouverte d'un tapis vert et bordée de bandes tendues et rembourrées, souvent utilisées par les joueurs pour atteindre leur cible. En effet, le chemin le plus court pour la boule est parfois impossible à emprunter lorsque d'autres boules se trouvent sur son passage. La faire rebondir sur les bandes peut alors être une solution efficace, à condition d'avoir du talent ! D'ailleurs, les très bons joueurs s'imposent des règles drastiques, comme atteindre leur but après trois ou quatre ricochets sur les bandes de la table.

En rang d'oignons

>> En ligne

Cette expression trouverait son origine à la cour du roi de France, dans la seconde partie du XVIe siècle. À cette époque, le maître de cérémonie était Artus de la Fontaine Solaro, baron d'Oignon. Il avait pour rôle de **placer les grands du royaume** lors des fêtes ou des cérémonies officielles, selon un protocole très strict. Certains d'entre eux n'appréciaient pas beaucoup sa sévérité et l'obligation de « se placer en rangs d'Oignon » ! Moins originale, une autre explication fait remonter cette expression à l'habitude des paysans **d'aligner les oignons** attachés en bottes par des liens de paille.

« Partir en brioche »

>> Se déliter, échouer

Selon le linguiste suisse Wartburg (1888-1971), cette expression doit son origine au sens figuré du mot « brioche » tel qu'il était employé par les musiciens qui fréquentaient l'Opéra de Paris au XIXe siècle. Il désignait une faute ou une maladresse : les musiciens avaient institué une caisse qui recueillait les amendes chaque fois que l'un d'entre eux faisait une fausse note lors des représentations publiques. Quand la caisse était pleine, les musiciens pouvaient s'acheter une brioche qu'ils partageaient ensemble. « Partir en brioche » signifie aujourd'hui « être pris dans une spirale négative ».

« Être un bouc émissaire »

>> Être accusé de toutes les fautes

Cette expression attestée dès le XVIIe siècle doit son origine à un texte de la Bible. Dans le Lévitique (Ancien Testament), on peut en effet lire qu'Aaron, le grand prêtre d'Israël, posait ses deux mains sur la tête d'un bouc lors de la fête du Grand Pardon, une cérémonie religieuse destinée à effacer les péchés des hommes. Par ce geste sacré, selon la croyance juive, les péchés étaient immédiatement transmis à l'animal. Chargé de tous les maux de l'humanité, ce dernier était alors exilé dans le désert à l'écart de toute civilisation, c'était le « bouc émissaire ».

« S'occuper de ses oignons »

>> Se mêler de ses affaires

Deux hypothèses ont été formulées par les linguistes pour expliquer cette expression, populaire depuis le début du XXe siècle. La première rappelle que le mot « oignons » a longtemps désigné dans le vocabulaire argotique les « fesses », une partie du corps pour le moins privée, qui ne regarde personne d'autre que son propriétaire. La seconde, plus classique, renvoie au bulbe cultivé dans les jardins. Celui qui « s'occupe de ses oignons » n'a pas le temps de cultiver ceux de ses voisins, ni même de les regarder !

Avoir une case vide

>> Être un peu fou ou idiot

Comme « avoir une case en moins », cette expression un peu triviale est née au XIXe siècle. À cette époque, la connaissance du cerveau s'étend. Les scientifiques remarquent que chaque zone, donc, dans un sens figuré, chaque « case » du cerveau, a un rôle précis relatif au langage ou au mouvement. Bien sûr, ces fameuses cases ne sont pas disposées de manière parfaitement géométrique. Mais le fait d'en avoir une « vide » ou « en moins » impliquerait tout de même un déséquilibre plus ou moins important du mental de la personne concernée.

Une auberge espagnole

>> Un lieu où l'on trouve n'importe qui et n'importe quoi

Cette expression vient de la mauvaise réputation faite par les voyageurs français aux auberges espagnoles au XVIIIe siècle. À cette époque, il était conseillé aux visiteurs d'apporter leurs propres nourriture et boisson s'ils voulaient manger à leur faim et se désaltérer. Au sens premier, une telle auberge représentait donc un endroit où chacun arrivait avec ses provisions car il n'y avait rien sur place. Par extension, on qualifie aujourd'hui d'« auberge espagnole » tout lieu ou situation où l'on trouve des choses et des gens très différents, ce qui entraîne souvent une belle pagaille !

Tomber dans les pommes

>> S'évanouir

Connue depuis le XIXe siècle, cette expression suscite encore bien des débats quant à son origine. Elle n'a en tout cas rien à voir avec le monde agricole. Pour certains, les « pommes » dont il est question seraient une simple déformation du mot « pâmes », qui signifiait au Moyen Âge « évanouissements ». Mais le terme semble avoir disparu dès le XVe siècle ! Pour d'autres, cette expression est née sous la plume de la romancière George Sand dans une lettre à madame Dupin. L'auteur de *La Mare au diable* (1846) se plaignait d'« être dans les pommes cuites », ce qui signifiait dans son esprit « être très fatiguée ».

Faire amende honorable

>> Reconnaître ses torts

Connue depuis le XVIe siècle, cette expression est née dans le monde de l'aristocratie, à une époque où l'honneur n'était pas un vain mot. Quand un grand personnage avait commis un délit, il devait avouer sa faute en public, mais aussi demander pardon à un jury populaire. C'était pour lui un déshonneur particulièrement humiliant et une véritable pénitence. Aujourd'hui, « faire amende honorable » est moins infamant puisque l'on n'est plus soumis à ce jugement public traumatisant, mais il s'agit tout de même de reconnaître ses torts.

Chercher des crosses à quelqu'un

>> Chercher des ennuis à quelqu'un

L'origine de cette expression est quelque peu obscure, mais elle pourrait provenir, selon certains experts, du verbe « crosser » qui signifiait, vers la fin du XIXe siècle, « maltraiter » une personne, la « faire enrager » ou « chercher des sujets de querelle » avec elle. Une autre explication tout aussi plausible renvoie à la crosse des fusils qui aurait pu être utilisée comme redoutable instrument pour régler ses problèmes avec quelqu'un, de manière peu pacifique et pour le moins expéditive !

2 DÉCEMBRE Ste Viviane

« En vrac »

>> En désordre

Cette expression provient du mot néerlandais *wrac* qui s'appliquait, jusqu'au XVIIIe siècle, uniquement aux poissons, avec le sens péjoratif de « mauvais » et de « mal rangés ». Il qualifiait en particulier les harengs que les pêcheurs de la mer du Nord jetaient pêle-mêle dans les barriques sans les empaqueter ni même les ranger, et qu'ils vendaient ainsi sur le marché. Depuis le XIXe siècle, la formulation « en vrac » s'est étendue à toutes les choses qui sont en désordre et que l'on n'a pas pris le soin de trier.

« Avoir du sang bleu »

>> Être d'origine noble

Allusion aux origines nobles d'une personne, cette curieuse expression qui s'est répandue en France à la fin du XIXe siècle semble devoir son origine aux grands d'Espagne. Rappelons tout d'abord que l'Espagne a été en grande partie conquise par les Arabes du VIIIe au XVe siècle. Après leur départ, la noblesse espagnole se serait targuée de ne compter aucun ascendant parmi les Maures à la peau sombre. Ils exhibaient leur peau très claire où apparaissaient quelques veines bleutées et ils pensaient ainsi apporter la preuve de leur « pureté ».

Faire long feu

>> Ne pas produire l'effet attendu

Dans la langue des artificiers, « faire long feu » signifiait que l'amorce ou la mèche brûlait trop lentement, si bien que la cartouche, le bâton de dynamite, le pétard ou le baril de poudre n'explosait pas. C'était donc un échec pouvant avoir des conséquences dramatiques en temps de guerre. Cette expression est courante dans le langage commun depuis la première partie du XIXe siècle. Curieusement, l'expression contraire « ne pas faire long feu » est aujourd'hui également utilisée dans le sens d'« avoir raté son coup », c'est-à-dire avec un sens parfaitement inexact !

Mettre le couvert

>> Mettre la table

Princes et seigneurs de l'Ancien Régime craignaient d'être empoisonnés et ordonnaient de couvrir tous les plats et boissons avant de les servir. Cette habitude avait deux raisons. Tout d'abord, ces couvercles permettaient de conserver la chaleur des aliments. Et, surtout, ils empêchaient de verser du poison dans les plats lors du trajet entre les cuisines et la salle à manger, parfois très éloignées. Tous les plats étaient donc préparés « à couvert ». Puis le mot s'est étendu à tous les ustensiles utilisés lors d'un repas.

« Un rhume carabiné »

>> Un gros rhume

L'adjectif « carabiné » viendrait, selon la plupart des linguistes, du mot « carabin » qui désignait au XVIe siècle les soldats de la cavalerie légère, armés de carabines. Réputés pour leurs charges rapides et violentes, ces militaires déchargeaient leurs armes sur l'ennemi et, sans attendre la riposte, regagnaient leur position le plus vite possible. L'adjectif a ensuite été utilisé au XVIIe siècle dans l'univers de la marine pour qualifier une brise brusque et intense, avant que le langage courant se l'approprie au siècle suivant, pour caractériser un gros rhume.

Être un colosse aux pieds d'argile

>> Sembler fort mais être vulnérable

Cette célèbre expression fait allusion à un épisode du livre de Daniel qui figure dans l'**Ancien Testament**. Dans ce passage de la Bible, le prophète Daniel (VIIe siècle av. J.-C.) était au service de Nabuchodonosor, roi de Babylone. Or le roi avait fait un curieux rêve dans lequel il avait vu une immense statue en métal brisée par une simple pierre car **ses pieds étaient en partie en argile**. Le prophète, qui avait le don de comprendre les songes, expliqua au roi de Babylone que, tel le colosse du rêve, son empire était fragile **en dépit de son apparente solidité**.

« Déclarer forfait »

>> Abandonner

Cette expression provient de l'ancien mot anglais *forfait* qui, selon le linguiste Wartburg, est apparu en France en 1829. Il désignait la somme que devaient payer les propriétaires des chevaux inscrits dans une course hippique lorsque ces derniers ne se présentaient pas au départ. Ce « forfait » qualifia ensuite de manière générale les indemnités demandées ou données après un engagement non tenu. L'expression « déclarer forfait » a été popularisée dans le milieu des coureurs cyclistes dès la fin du XIXe siècle, avant de s'étendre à tous les sports puis au langage courant avec le sens de « renoncer à poursuivre une action ».

« Bassiner quelqu'un »

» Ennuyer quelqu'un

À l'origine, « bassiner », c'était frapper sur un bassin de cuivre pour attirer l'attention du peuple lors d'annonces publiques. Le sens a ensuite glissé pour signifier « faire du bruit de manière intempestive ». Puis, au XIXe siècle, « bassiner » est devenu synonyme d'« ennuyer », « casser les pieds à quelqu'un ». Une autre explication renvoie l'origine de cette expression au bassin qui se trouve au centre de la cour de l'École normale supérieure, à Paris. Selon une tradition qui remonte au XIXe siècle, on jetait dans le bassin les élèves qui tenaient des discours inintéressants.

« Faire ses choux gras »

>> Tirer profit

Au Moyen Âge, la nourriture des plus pauvres était principalement composée de soupe et de légumes. L'un des légumes les plus consommés était le chou. Mais son goût, simplement cuit à l'eau, n'était pas fameux. Pour l'améliorer, ceux qui avaient un peu d'argent pouvaient l'agrémenter d'un morceau de lard. « Faire ses choux gras », employé dès le XVe siècle, signifiait donc « améliorer sa nourriture » et ainsi « améliorer ses conditions de vie ». L'expression a évolué pour désigner aujourd'hui le fait de tirer un profit personnel de quelque chose ou d'utiliser une situation à son avantage.

De bon aloi

›› De bon usage

Au Moyen Âge, l'aloi était le nom d'un alliage de cuivre et d'étain composant les pièces de monnaie. Pour distinguer une bonne monnaie, riche en métaux, d'une mauvaise, voire d'une fausse monnaie, on la faisait tomber sur une surface dure pour la faire sonner. Si le son était clair, la pièce était dite « de bon aloi », c'est-à-dire de bon alliage. Dès le XIIIe siècle, une expression dont le sens était « de bonne qualité » s'est formée à partir de cette curieuse méthode. Aujourd'hui, elle est plutôt utilisée au sens figuré pour qualifier le bon goût ou le bon sens.

Être du même bord

>> Être du même parti

Comme « veiller au grain », « être du même bord » fait partie des nombreuses expressions marines. Dès le XVIIe siècle, un « bord » désignait un bateau. L'expression « être du même bord » signifiait donc « faire partie du même navire ». Au XIXe siècle, le sens figuré de « partager une même opinion » ou d'« avoir la même sensibilité » prend déjà le dessus. Il figure même dans les *Mémoires* de Vidocq en 1828, où le policier affirmait qu'« entre coquins de même bord, au bout d'un quart d'heure, on est intimes ». Aujourd'hui, la marine à voile a disparu, mais l'expression est restée !

« Attendre cent sept ans »

>> Attendre une éternité

L'origine de l'expression est incertaine, mais une chose est sûre : on ignore pourquoi le nombre 107 a été retenu. Peut-être est-il une allusion à l'interminable guerre de Cent Ans qui a embrasé l'Europe et qui a duré plus d'un siècle ? Peut-être a-t-il été choisi en référence à la construction de Notre-Dame de Paris ? Le temps de réalisation de ce chef-d'œuvre, qui a également dépassé cent sept ans, a semblé une éternité aux habitants de la capitale et plus particulièrement à ceux qui logeaient sur l'île de la Cité. Depuis, « attendre cent sept ans » désigne un temps d'attente extrêmement long.

« Essuyer les plâtres »

» Subir les désagréments d'une situation nouvelle

Les plâtres apposés sur les murs des nouvelles maisons ont parfois besoin de plusieurs semaines pour être secs. Les premiers locataires doivent supporter une forte odeur et salissent leurs vêtements quand ils « essuient les plâtres », c'est-à-dire lorsqu'ils s'y frottent involontairement. Selon certains linguistes, au XIXe siècle, les maisons neuves étaient souvent louées aux filles publiques. Quand les plâtres étaient secs, on les mettait dehors pour récupérer le logement. Leur sort injuste a donné le sens figuré de cette expression : « subir en premier les désagréments d'une situation nouvelle ».

Partir en lune de miel

>> Partir en voyage de noces

Cette expression proviendrait d'un rite païen de la civilisation mésopotamienne. Dans la Babylone antique, pendant le premier mois de mariage, le père de la jeune mariée offrait traditionnellement à son gendre de l'hydromel, ancêtre de la bière actuelle. Ce précieux breuvage étant fabriqué à base de miel, les Babyloniens surnommaient le premier mois de mariage le « mois de miel ». À cette époque, le calendrier était établi sur le cycle lunaire, c'est-à-dire que chaque mois était formé du nombre de jours qui s'écoulait entre deux pleines lunes. C'est ainsi que cette période heureuse a pris le nom de « lune de miel ».

En pincer pour quelqu'un

>> **Être séduit par quelqu'un**

L'origine de cette expression, employée dans le langage courant depuis le XIXe siècle, est assez mystérieuse. Pour certains, le verbe « pincer » a été choisi en référence aux instruments de musique à cordes que l'on pince pour obtenir des sons. La vibration produite peut en effet être comparée à celle que provoque l'amour, un curieux pincement au cœur que l'on n'arrive pas véritablement à expliquer. D'autres linguistes y trouvent une origine beaucoup plus ancienne et rapprochent le verbe « pincer » du verbe « pinsier » qui, au XIIIe siècle, avait la signification de « peloter » ou de « caresser ».

« Tirer à pile ou face »

>> S'en remettre au hasard

Cette expression vient d'un jeu très ancien : on lançait une pièce qui représentait d'un côté une croix et de l'autre le portrait de Janus, un dieu romain. On jouait alors à « croix ou face ». Au Moyen Âge, les portraits disparurent. On joua donc à « pile ou croix », la pile étant le nom de l'enclume sur laquelle on posait la pièce pour la frapper. Enfin, Henri II imposa en 1548 que les pièces comportent une pile, c'est-à-dire un côté qui indique la valeur, et une face, à l'effigie du souverain. On joua donc dès cette époque à « pile ou face ». L'expression prit le sens de « s'en remettre à la chance » en 1930.

« Faire la navette »

>> Faire des allers-retours incessants

Apparue au milieu du XVIIIe siècle, cette expression provient du monde des tisserands. La « navette » est un instrument en bois qui sert à effectuer des allers-retours sur le métier à tisser pour passer les fils dans la trame. Cette navette contient en son centre un fil qui se déroule lors du lancer. Son nom a été choisi en référence aux mots « nave » ou « nef », qui signifient tous deux « vaisseau », car ces objets en bois avaient la forme d'une petite barque très effilée.

Faire la grasse matinée

>> Dormir tard le matin

Si cette expression date du XXe siècle dans sa formulation actuelle, elle est déjà attestée au XVIe siècle sous la forme « dormir la grasse matinée ». L'adjectif « grasse » de ces expressions provient du mot latin *crassus*, qui signifie « épais ». Il est alors une référence à la durée du sommeil. Une autre hypothèse renvoie le mot « grasse » à une chose molle et confortable, comme peut l'être un lit dans lequel on se prélasse le plus longtemps possible. Une troisième explication plus amusante est énoncée par Furetière dans son *Dictionnaire universel*, publié en 1690 : ceux qui dorment trop le matin… « font du gras » !

23 NOVEMBRE St Clément

Découvrir le pot aux roses

>> Percer un secret

Les linguistes formulent plusieurs hypothèses pour expliquer l'origine de cette expression, connue dès le XIIIe siècle. Certains ont supposé que ce « pot aux roses » était celui dans lequel les femmes conservaient les lettres de leurs amants. Mais une explication plus crédible est celle qui met en rapport les deux sens du verbe « découvrir » : « soulever le couvercle » et « trouver quelque chose ». Pour affermir la valeur de ce qui est découvert dans ce pot, l'expression est complétée par la référence aux roses, fleurs délicates qui servaient à composer des parfums rares.

« Battre comme plâtre »

>> Frapper quelqu'un violemment

Née au XVe siècle, cette expression fait référence au gâchage du plâtre que le maçon réalise lorsqu'il mélange la précieuse poudre blanche à l'eau afin d'obtenir une pâte lisse et malléable. Pour que le plâtre soit parfaitement bien délayé dans l'eau et que le mélange soit de bonne qualité, ce travail nécessite un coup de main très puissant. Si le plâtre n'est pas battu avec assez de force, il n'aura pas les qualités d'adhérence et de plasticité des meilleurs plâtres. Et tout sera donc à recommencer pour le maçon trop tendre ! »

« À cor et à cri »

>> Bruyamment, avec insistance

Connue depuis le XVe siècle sous la forme « à cry et à cor », cette expression est liée à l'univers de la chasse à courre. Elle caractérisait le moment où l'on essayait de rabattre le gibier en faisant le plus de bruit possible avec les cors de chasse et les chiens. Depuis le XVIIe siècle, cette expression est presque toujours utilisée, dans le langage courant, avec des verbes relatifs à la parole comme « protester » ou « réclamer ». Marcel Proust l'emploie en ce sens dans *À la recherche du temps perdu*, publié entre 1913 et 1927 : « Je sais que le parti socialiste réclame sa tête à cor et à cri. »

S'entendre comme larrons en foire

>> Très bien s'entendre

Au XVIe siècle, les « larrons » désignaient des compères, des filous qui s'entendaient pour préparer un mauvais coup. Au XVIIe, l'expression a été complétée par le mot « foire », ces grands marchés publics où, en raison du nombre important de visiteurs, tous les mauvais coups étaient faciles à perpétrer. Puis la connotation négative de « larrons », proche de celle de « voleurs » ou de « brigands », s'est peu à peu perdue. On emploie aujourd'hui couramment cette expression pour qualifier deux personnes qui s'entendent bien et qui pourraient faire des bêtises ensemble.

Avoir le cœur qui bat la chamade

>> Être affolé par ses émotions

La chamade était un signal militaire qui pouvait aussi bien être donné par un roulement de tambour que par le son d'une trompette. Apparu au XVIIe siècle, il désignait en effet l'appel qu'adressaient des assiégés à leurs adversaires pour leur indiquer qu'ils avaient une proposition à leur faire. En général, il s'agissait de capituler, de demander une trêve ou d'entamer une négociation. De là à caractériser un cœur prêt à tomber dans les bras de celui qui fait son siège, il n'y eut qu'un pas à franchir !

À la Saint-glinglin

>> Jamais

Vous ne trouverez pas de saint Glinglin dans les calendriers pour la simple et bonne raison que ce saint homme n'a jamais existé. L'expression est née à la fin du XIXe siècle, probablement dans l'est de la France. Elle proviendrait en effet du « seing glin-glin », le « signal qui glingue », qui sonne et qui représente la trompette annonçant l'heure du Jugement dernier, de la fin des temps. Remettre quelque chose « à la saint-glinglin » signifie donc « renvoyer l'événement à une date inatteignable, à jamais ».

« Un dédale »

>> Un labyrinthe

Provenant de la mythologie grecque, cette expression est une référence au légendaire Dédale, inventeur, grand architecte et constructeur du labyrinthe de Crète. Réfugié dans l'île grecque, il est sollicité par le roi Minos pour enfermer le Minotaure, un monstre dangereux né de l'union contre nature de sa femme Pasiphaé avec un taureau. Dédale conçoit alors un labyrinthe pour y enfermer l'animal qui sera nourri tous les neuf ans de sept jeunes gens et sept jeunes filles offerts en sacrifice. Le labyrinthe est si complexe que non seulement l'animal reste prisonnier, mais que ses jeunes victimes ne peuvent pas non plus s'échapper ! »

Donner de la confiture aux cochons

>> Gâcher

Cette expression doit son origine à un texte de saint Matthieu qui figure dans le Nouveau Testament. L'évangéliste y a écrit : « Ne donnez pas aux chiens ce qui est saint et ne jetez pas vos perles devant les pourceaux. » Dans cette métaphore, les perles représentent les choses de valeur et les pourceaux, c'est-à-dire les cochons, symbolisent ceux qui ne savent pas faire honneur aux bonnes choses. Au fil du temps, la confiture a remplacé les perles, mais les cochons ne savent pas plus les apprécier à leur juste valeur, car rares sont les porcs gourmets !

Le jeu n'en vaut pas la chandelle

>> Cela n'en vaut pas la peine

Connue depuis le XVIe siècle, cette expression est née comme beaucoup d'autres dans le monde des joueurs. À cette époque, les joueurs de cartes étaient éclairés à la bougie, objet cher et luxueux, indispensable dès que la nuit tombait. Pour participer aux frais de la soirée, il était d'ailleurs d'usage que les joueurs laissent quelques pièces de monnaie au propriétaire de la bougie. Et lorsque les gains au jeu étaient trop faibles, ils ne couvraient même pas le prix de la chandelle qui avait éclairé les joueurs durant la partie de cartes.

Se faire appeler Arthur

>> Se faire gronder

Cette expression aurait une origine assez amusante. Lors de l'occupation de la France pendant la Seconde Guerre mondiale, un couvre-feu avait été fixé à 20 heures, soit 8 heures du soir. Craignant que les lumières de la ville ne donnent des indications à l'aviation ennemie pour les bombardements de nuit, les Allemands demandaient que les lumières soient éteintes. Or certains Français ne respectaient pas cette règle et les patrouilles criaient aux retardataires *«Acht Uhr!»* («Huit heures!» en allemand, qui se prononce «art our») d'un ton menaçant. Se faire appeler *«Acht Uhr»*, qui devint vite par jeu «Arthur», était donc synonyme de se faire disputer.

Broyer du noir

>> Déprimer

Les origines de cette expression sont aussi obscures que la nuit noire ! La majorité des linguistes date son apparition du milieu du XVIIIe siècle. Si l'utilisation du terme « noir » est assez fréquente pour symboliser la tristesse, le deuil ou la mélancolie, le verbe « broyer » est plus rare. Il proviendrait du vocabulaire des peintres qui, pour créer leurs couleurs, devaient écraser diverses matières, comme le charbon noir. Une autre explication renvoie au monde de la médecine. En 1771, « broyer du noir » signifiait aussi « digérer ». Les médecins pensaient en effet que l'estomac écrasait les aliments et que la bile noire, sécrétée lors de la digestion, était la cause de la mélancolie.

« Un supplice de Tantale »

>> Un désir inaccessible

Cette expression doit son origine à un épisode de la mythologie grecque. Fils de Zeus et roi légendaire de Lydie, Tantale n'avait peur de rien. Après avoir volé des boissons divines, telle l'ambroisie, pour les livrer aux hommes, il égorgea son propre fils Pélops et osa le servir en ragoût aux dieux pour tester leur clairvoyance ! Furieux, Zeus fit attacher Tantale à un arbre chargé de fruits, placé au milieu de l'eau. Chaque fois qu'il approchait sa bouche des fruits ou de l'eau, ces derniers s'échappaient. Il fut condamné à être tourmenté par la faim et la soif pour l'éternité, alors que nourriture et boisson abondaient auprès de lui. »

Tomber en panne

›› Ne plus fonctionner

Particulièrement utilisée dans le milieu automobile depuis le début du XXe siècle, cette expression trouve cependant son origine dans le vocabulaire de la marine. Au XVIe siècle, « mettre un bateau à panne » signifiait l'immobiliser afin de le réparer ou de laisser passer d'autres navires devant lui. Les voiles étaient alors placées de telle manière que le bateau ne bougeât plus, quelle que soit la force du vent. Dès le XVIIIe siècle, un bateau ainsi immobilisé était « en panne ». Ce n'est donc pas la voiture qui a inventé la panne !

Avoir le béguin

>> Être amoureux

Connue dès le XVIIIe siècle, cette expression doit probablement son origine au « béguin » qui était à la fois une coiffe et un petit chapeau au Moyen Âge. Plusieurs théories sont avancées pour l'expliquer. Pour les uns, dans la même logique que « l'amour rend aveugle », certains avaient le béguin trop baissé sur les yeux et n'y voyaient plus clair ! Pour les autres, l'expression actuelle est issue d'une autre plus ancienne, « avoir le béguin à l'envers », apparue au XVIe siècle. Elle signifiait que certains amoureux étaient parfois si troublés qu'ils étaient capables de porter leur coiffe dans le mauvais sens !

Être en pole position

>> Être en tête

Cette expression initialement hippique doit son origine au mot anglais *pole* qui signifie « piquet ». En effet, les premiers hippodromes étaient constitués d'un espace délimité aux deux extrémités par des piquets reliés par une corde. Les jockeys qui étaient le plus près du piquet, « à la corde » ou en « pole position », étaient donc favorisés car la distance qu'ils avaient à parcourir était moins longue. L'expression entra au XXe siècle dans le vocabulaire des pilotes de course automobile, avant d'être très largement employée dans le langage courant.

« Décrocher la lune »

>> Obtenir l'impossible

Mystérieuse et fidèle, la Lune a toujours fasciné les hommes. Bien visible mais hors d'atteinte, elle a exalté leur imaginaire pendant des millénaires avant qu'une poignée d'entre eux puisse l'approcher ou y poser le pied. Dès le XVIe siècle, l'expression « prendre la lune avec ses dents » évoque déjà l'impossibilité d'approcher cet astre lumineux. Elle s'est transformée au fil des ans en « décrocher la lune », ce qui reste, malgré les conquêtes spatiales, un exploit tout aussi irréalisable !

Soutenir un fort Chabrol

>> Être assiégé

Recherchés par la police en août 1899 pour atteinte à la sûreté de l'État, le journaliste nationaliste Jules Guérin et ses proches se retranchèrent dans les locaux de la Ligue antisémite, au 51 de la rue de Chabrol, à Paris. La police n'osa pas attaquer de peur de déclencher une émeute dans ce quartier populaire où une partie de la population avait pris fait et cause pour les assiégés. Le journaliste résista trente-huit jours avant de se rendre. À l'issue d'un procès houleux, il fut condamné à dix ans de détention. Cette expression, inspirée de cet événement, s'est popularisée au XXe siècle.

Être tiré à quatre épingles

>> Être élégant

Cette expression, qui fait référence à la parfaite élégance d'une personne, aurait une double origine. Autrefois, on disait d'une personne bien habillée qu'elle était « bien tirée » car ses habits parfaitement ajustés faisaient très peu de plis et donnaient une excellente impression. C'est au XVe siècle qu'apparut la référence aux « épingles », surnom de l'argent que les femmes économisaient sur leurs courses domestiques. Avec ce petit pécule, elles pouvaient parfois s'acheter de beaux vêtements et, ainsi « tirées à quatre épingles », être gracieuses et élégantes.

« Un choix cornélien »

>> Un dilemme insoluble

Cette expression a été créée au XVIIe siècle en référence au dramaturge Pierre Corneille (1606-1684). Dans ses pièces, celui-ci a souvent placé ses personnages dans des situations où ils ont à choisir entre leurs sentiments et leurs devoirs auxquels ils ne peuvent se soustraire sans déshonneur. Ces alternatives sont toujours contradictoires dans l'œuvre de Corneille. Ainsi, dans *Le Cid*, Chimène et Rodrigue s'aiment. Mais, pour venger l'honneur de son père, Rodrigue doit tuer celui de Chimène, ce qui va inévitablement compliquer leurs relations ! C'est un choix… cornélien !

« Avoir la berlue »

>> Avoir des hallucinations

Pour les linguistes, cette expression s'est formée à partir de deux mots différents. Le premier est le terme provençal *beluga*, qui signifiait « étincelle » ou « qui éblouit ». Le second est le mot « bellue », attesté en ancien français dès le XIIIe siècle, dont le sens se rapprochait de celui de « fables ». Passé aujourd'hui dans le vocabulaire médical sous la forme « berlue », il qualifie un problème oculaire, une lésion qui amène les malades à voir des objets qu'ils n'ont pas réellement devant les yeux, comme des points noirs, des mouches ou des toiles d'araignées.

« Être à la merci de quelqu'un »

>> Être sous la domination de quelqu'un

Le « merci » employé dans cette expression dès le XVIe siècle n'a rien à voir avec un remerciement. En effet, il vient du mot latin *merces* dont le sens fut tout d'abord « salaire » ou « récompense », puis « faveur » et enfin « grâce ». « Être à la merci » d'une personne signifiait alors que l'on était « soumis à son droit de grâce ». D'autres expressions, dès le XIIe siècle, avaient déjà un sens proche comme « crier merci » qui signifiait « implorer grâce », ou « sans merci » qui voulait dire « sans pitié ». Mais au fil des siècles, cette expression a perdu de sa force pour désigner aujourd'hui le fait d'être « sous l'emprise de quelqu'un ».

À la bonne franquette

>> En toute simplicité

Au milieu du XVIIe siècle, on disait simplement « à la franquette ». Cette locution venue des régions normande et picarde était issue d'un mot dérivé de « franc » et signifiait « en toute franchise ». En 1666, Molière l'emploie même dans sa comédie-farce *Le Médecin malgré lui* : « Confessez à la franquette que vous êtes médecin. » Cette « franchise » s'est progressivement transformée en « simplicité » et, renforcée par l'adjectif « bonne », l'expression a pris sa forme actuelle le siècle suivant.

C'est la croix et la bannière !

>> C'est compliqué !

Au XVe siècle, de nombreux cortèges étaient organisés dans les villes lors de la visite d'un grand personnage ou à l'occasion d'une fête religieuse. Certains des participants portaient alors la croix qui représentait le Christ, d'autres, des bannières de la Vierge, de la paroisse, d'une confrérie ou d'un notable. Ces processions demandaient une grande organisation qui pouvait vite devenir fastidieuse. Dès la fin du XVe siècle, cette expression a donc qualifié une situation dont la préparation était un véritable casse-tête.

« Être une bonne poire »

>> Être naïf, dupé

Depuis le XIXe siècle, une « bonne poire » est quelqu'un qui se laisse facilement duper, qui tombe dans les pièges comme une poire trop mûre tombe des arbres, sans opposer la moindre résistance. Être comparé à ce fruit est peu flatteur ! Le roi Louis-Philippe a lui-même été caricaturé par un journal d'opposition, avec talent mais férocité, sous la forme d'une poire. Furieux, le roi des Français a fait condamner le rédacteur en chef, Philipon, à six mois d'emprisonnement pour outrage à Sa Majesté. Depuis, la poire est devenue l'emblème de cette monarchie de Juillet tant haïe.

« Faire une croix sur quelqu'un »

>> Renoncer à quelqu'un

Le signe de croix des chrétiens est à l'origine de cette expression. Dès le XVIe siècle, elle existait sous la forme proche de « faire un signe de croix sur le dos de quelqu'un », ce qui signifiait que l'on quittait cette personne. Il y eut ensuite l'habitude de faire une croix au crayon pour barrer le nom d'une personne ou d'une chose et l'éliminer ainsi d'une liste. Aujourd'hui, l'expression est toujours utilisée pour montrer le caractère définitif du renoncement à une chose ou de la séparation d'avec une personne.

« Porter la guigne »

>> Porter malchance

Cette expression a été formée à partir du verbe « guigner » qui date du XIIe siècle et est encore employé aujourd'hui. Lorsque l'on « guigne » quelqu'un, on le regarde à la dérobée, du coin de l'œil. Bien plus tard, au XVIIe siècle, le mot « guignon » a été créé à partir du même verbe. Il désignait la « malchance » ou le « mauvais œil ». Ce second sens est aujourd'hui le plus employé : une personne qui « porte la guigne » à quelqu'un lui porte malchance et même parfois malheur !

Être sous les feux de la rampe

>> Être exposé publiquement

Dans cette expression, le terme technique « rampe » est une allusion à l'éclairage des théâtres. Dans les salles de spectacle du XVIIe siècle, celui-ci était en effet assuré par des chandelles posées sur des lattes en bois qui portaient le nom de « rampes ». L'expression « être sous les feux de la rampe » a d'abord signifié le simple fait d'être sur scène puis, au XXe siècle, son sens s'est élargi pour désigner les personnes qui passent de l'ombre à la lumière et qui deviennent connues du grand public.

21 FÉVRIER St Pierre, St Damien

Un froid de canard

>> Un froid très vif

Cette expression très populaire est une allusion au temps glacial qu'il fait au moment de la chasse aux canards, qui a lieu en automne et en hiver en Europe. En effet, lors de ces saisons froides, les canards s'envolent vers le sud pour prendre leurs quartiers d'hiver sous le soleil d'Espagne ou d'Afrique. Pendant leurs migrations, ils sont souvent la cible des chasseurs. Ce sont donc ces derniers qui ont probablement imaginé cette expression, car ils doivent parfois attendre des journées entières dans l'eau gelée des marais ou des étangs en espérant que leurs proies s'y arrêtent pour boire ou se reposer quelques heures avant de repartir vers le grand sud.

Le branle-bas de combat

>> Une agitation désordonnée

Le vocabulaire de la marine est certainement à l'origine de cette expression. Au XVIIe siècle, le « branle » désignait le hamac qui faisait office de lit pour les marins. **Le signal du réveil était appelé « branle-bas »**, chacun devant alors décrocher son hamac et le ranger. Le « branle-bas de combat » était quant à lui un avertissement plus fâcheux puisqu'il informait les matelots que **le bateau allait être attaqué**. Il fallait donc se préparer à se défendre le plus rapidement possible. C'est à partir du XIXe siècle que l'expression a pris un sens figuré pour symboliser une agitation vive et souvent désorganisée.

22 FÉVRIER Ste Isabelle

Être la coqueluche de quelqu'un

>> Être le préféré de quelqu'un

Au Moyen Âge, outre la maladie bien connue, la « coqueluche » désignait une sorte de capuche que les médecins conseillaient de porter pour avoir toujours la tête au chaud et ainsi éviter d'attraper cette redoutable toux épidémique qui était souvent mortelle. Mais quel rapport avec le fait d'être aimé de quelqu'un ? Tout simplement parce que, à la même époque, l'expression « être coiffé de quelqu'un » signifiait « en être épris ». Ces deux expressions associées ont donné naissance à celle que l'on connaît aujourd'hui : « être la coqueluche de quelqu'un », le favori, le préféré.

Être sous la coupe de quelqu'un

>> Être sous la dépendance de quelqu'un

Employée par Saint-Simon, le mémorialiste de la cour du roi Louis XIV, cette expression, populaire dès le XVIIe siècle, provient des jeux de cartes. « Être sous la coupe de quelqu'un », c'est jouer après une personne ayant coupé dans une levée avec une carte potentiellement plus favorable que la vôtre. Les joueurs ont souvent la croyance superstitieuse qu'il y a des gens qui ont une coupe malheureuse, et ils ne veulent pas « être sous leur coupe ». Au XVIIIe siècle, l'expression entre dans le langage courant pour exprimer le fait d'« être sous l'influence de quelqu'un ».

Au pied de la lettre

>> Au sens propre

Expression forgée au XVIe siècle, « au pied de la lettre » est une allusion à un célèbre passage de la Bible. Dans sa deuxième lettre aux Corinthiens (3,6), Paul, le disciple de Jésus, établit une séparation entre la lettre, c'est-à-dire le sens littéral qui est attaché aux mots, et l'interprétation que l'on peut en faire : « C'est lui [Dieu] qui nous a rendu capables d'être ministres d'une nouvelle alliance, non de la lettre, mais de l'esprit ; car la lettre tue mais l'esprit vivifie. » Cela signifie que le fait de prendre les choses au pied de la lettre, c'est-à-dire « à l'exacte mesure » de la lettre, peut être négatif. Il faut parfois savoir chercher au-delà des mots et, par exemple, y trouver un sens caché.

“Tirer à boulet rouge”

>> Attaquer avec force

Au Moyen Âge, les boulets étaient des armes redoutées, utilisées aussi bien lors du siège d’un château fort que lors d’un combat naval. Au XVe siècle, on imagina de chauffer les boulets dans une forge avant de les tirer. L’opération était plus compliquée, mais elle avait l’avantage de provoquer des incendies parfois dévastateurs, en particulier sur les navires de bois et de toiles. L’expression existe depuis l’invention de cette technique, mais son sens métaphorique actuel n’est apparu que dans le courant du XVIIIe siècle.

À la queue leu leu

>> L'un derrière l'autre

Cette expression doit son origine aux terribles loups qui excitaient l'imagination des paysans au Moyen Âge. Très nombreux dans les campagnes françaises, ces carnivores, qui partagent avec les renards la particularité d'être pourvus d'une longue queue, se déplaçaient en meute et marchaient souvent les uns derrière les autres. Or, en ancien français du XIe siècle, le nom de l'animal se disait « leu » et non « loup ». « À la queue leu leu » doit donc se comprendre comme « à la queue du loup se trouve aussi un loup ».

Aller à Canossa

>> Se faire humilier

Cette expression est une référence à un épisode historique dont l'empereur allemand Henri IV (1050-1106) fut le héros malheureux. En conflit avec le pape qui refusait que l'empereur nomme les évêques, Henri IV avait été excommunié, c'est-à-dire banni de la communauté chrétienne. Une situation intenable à cette époque ! Pour faire lever cette excommunication, l'empereur se rendit dans la ville italienne de Canossa, où séjournait le pape. Ce dernier le fit attendre trois jours les pieds nus dans la neige avant de le recevoir. L'humiliation fut telle que, huit siècles plus tard, le chancelier Bismarck, en conflit avec les catholiques, s'écria à l'Assemblée nationale allemande : « Nous n'irons pas à Canossa ! »

« Au temps pour moi »

>> Je me suis trompé

Souvent orthographiée à tort « autant pour moi », l'expression « au temps pour moi » est issue du langage militaire, mais personne ne sait à quelle époque elle est née. Cette locution était employée pour ordonner un mouvement, en général une prise d'arme. Ainsi, « au temps pour les fusils » signifiait « c'est le moment de prendre votre crosse, de placer les fusils sur les épaules »... Quant à l'expression « au temps pour moi », c'est ainsi que le gradé s'adressait au soldat qui s'était trompé : il lui faisait reprendre le mouvement en calquant le départ, le « temps », sur lui.

Battre à plates coutures

>> Vaincre très nettement

Dans les boutiques du Moyen Âge, les étoffes épaisses pouvaient parfois poser problème. Leurs coutures étaient particulièrement difficiles à plier et créaient des bourrelets disgracieux. Il n'y avait qu'une solution : les aplatir avec force. Pour effectuer ce repassage très spécial, on utilisait une latte de bois qui permettait de battre les étoffes « à plates coutures ». Dès le XVe siècle, l'expression quitte le monde des drapiers pour entrer dans le langage commun. Lors de ses premières utilisations, elle fut employée par des soldats pour se moquer d'une armée adverse sévèrement défaite.

Tomber dans le panneau

>> Tomber dans le piège

Cette expression ne peut être comprise que si l'on connaît le sens du mot « panneau » au XVe siècle. Il s'agissait alors d'un petit filet que l'on tendait dans l'espoir d'attraper du petit gibier, tels des lapins ou des lièvres. Comme il n'était pas nécessaire de les approcher et que ces animaux étaient capturés très facilement, le piège était parfait. On emploie donc l'expression « tomber dans le panneau » pour désigner le fait de se faire piéger sans même s'en rendre compte. Les panneaux publicitaires ou électoraux constituent-ils de tels pièges ? Certains le pensent !

Donner sa langue au chat

4 NOVEMBRE St Charles

>> Renoncer à deviner

L'expression initiale, connue depuis au moins le XVIIIe siècle, ne faisait pas référence aux chats, mais aux chiens. On disait en effet « jeter sa langue aux chiens », ce qui était très humiliant car, à l'époque, on ne jetait aux chiens que les restes. Le fait qu'une personne « jette sa langue aux chiens » montrait que sa langue, donc par extension sa parole, n'avait pas de valeur du fait de son ignorance. Au fil des ans, l'expression a évolué pour devenir, au XIXe siècle, « donner sa langue au chat ». De ce fait, elle a pris une connotation plus noble, le chat étant considéré comme un animal très cultivé et gardien de secrets.

« Être le mécène de quelqu'un »

>> Soutenir quelqu'un financièrement

Proche de l'empereur romain Auguste, Caius Cilnius Maecenas (vers 69 av. J.-C.-8 av. J.-C.), mieux connu sous son nom francisé de Mécène, était l'ami des écrivains et des artistes. Il décida de mettre à profit son influence et sa fortune pour les promouvoir et les aider financièrement. Grâce à lui, de grands auteurs comme Horace ou Virgile purent se consacrer entièrement à leurs œuvres. Patron des poètes, ce bienfaiteur des arts apparaît très fréquemment dans les vers de ses protégés, de manière directe ou sous forme elliptique.

« Être un paria »

>> Être exclu

Issu du tamoul, langue d'Inde, le mot « paria » signifie initialement « joueur de tambour ». Le paria est celui qui est placé le plus bas dans l'échelle sociale indienne : opprimé, non scolarisé et asservi aux tâches les moins nobles comme ramasser les ordures, il est véritablement exclu de la société. Les personnes des autres castes ne doivent pas lui parler, ni le toucher sous peine d'être souillées par son simple contact. Il est, au sens propre comme au figuré, un « intouchable ». Depuis le XIXe siècle, ce terme est employé en France pour qualifier une personne mise au ban d'une société ou d'un groupe.

Une autre paire de manches

>> Une tout autre affaire

Cette expression trouve son origine dans une habitude vestimentaire du Moyen Âge. À cette époque, certains habits avaient des manches amovibles. On pouvait donc les retirer assez rapidement en fonction des activités que l'on allait exercer sans pour autant changer de vêtements. Au XVIe siècle, les femmes offraient parfois l'une des manches de leur habit à leur bien-aimé en gage d'amour. Une « autre paire de manches » pouvait donc désigner une nouvelle histoire d'amour naissante, ou bien une autre affaire, au sens large. Ces deux sens se sont mêlés pour signifier, dès le XVIIe siècle, le changement d'un sujet ou d'un amour à l'autre, d'une occupation à une autre.

Faire du ramdam

>> Faire du vacarme

Connue depuis 1890, cette expression provient d'une déformation du mot arabe *ramadan*. Conformément au Coran, cette période de jeûne a lieu le neuvième mois du calendrier lunaire islamique, chaque jour du lever au coucher du Soleil. Dès que la nuit arrive, la fin du jeûne s'accompagne de moments de fête et de bons repas souvent joyeux. Avant d'entrer dans le langage courant, cette expression fut très populaire dans les tranchées de la Première Guerre mondiale pour qualifier un désordre, et également dans le milieu de la prostitution où « faire le ramdam » signifiait « faire l'amour ».

« Être un mouton de Panurge »

>> Suivre sans réfléchir

Héros de cette expression, Panurge est un célèbre personnage du *Quart Livre*, une aventure extraordinaire écrite au XVIe siècle par Rabelais. Lors de son voyage avec son compagnon Pantagruel, Panurge se querelle avec un marchand de moutons nommé Dindenault. Décidé à se venger du négociant, Panurge lui achète un mouton et le jette à la mer. Habitués à suivre le chef de leur troupeau, tous les moutons sautent à leur tour dans la mer. Le dernier entraîne même l'infortuné Dindenault qui tentait de le retenir. « Être un mouton de Panurge », c'est suivre aveuglément, sans réfléchir !

Le chant du cygne

>> L'ultime manifestation d'un talent

Employée en France depuis le XVIIe siècle, cette expression trouve son origine dans une croyance de la Grèce antique. Elle affirmait que le cygne, connu pour son chant dissonant, aurait un moment de grâce musicale juste avant de mourir. Cette légende a même été explicitement reprise par Platon qui fait ainsi parler Socrate : « Les cygnes qui, lorsqu'ils sentent qu'il leur faut mourir, au lieu de chanter comme auparavant, chantent à ce moment davantage et avec plus de force, dans leur joie de s'en aller auprès du Dieu. » Cette légende, réfutée de nos jours par les scientifiques, a cependant perduré pour devenir l'expression que l'on connaît.

S'emmêler les pinceaux

>> S'embrouiller

L'histoire de cette expression remonte au Moyen Âge. Au XIVe siècle, le terme « pince » désignait en effet deux choses : la première, l'extrémité des pattes du cerf, et la seconde, une barre de fer courbée, aplatie, fendue en son extrémité, que l'on appelle aujourd'hui pied-de-biche. Après les pattes animales, le mot « pince » a ensuite désigné les extrémités des membres du corps humain : le pied dès 1800, la main en 1857 et la jambe en 1889. Enfin, au XXe siècle, les « pinces » se sont transformées en « pinceaux » sans que l'on sache vraiment pourquoi. En argot, les « pinceaux » ne désignent donc plus les outils du peintre, mais les jambes !

« Poser un lapin »

>> Ne pas aller à un rendez-vous

Connue à partir du XIXe siècle, cette expression amusante avait alors un sens très différent. Un « lapin » a d'abord désigné un refus de paiement, notamment dans le monde de la prostitution. Puis le sens a peu à peu dérivé vers celui de « promesses non tenues ». Il existait par ailleurs une autre expression plus ancienne, « laisser poser », dont le sens était « faire attendre quelqu'un », qui a certainement influé sur la création de la locution « poser un lapin ». Sous sa forme actuelle, cette dernière serait apparue vers 1890 dans le milieu des étudiants, sans que l'on sache vraiment pourquoi. »

2 MARS St Charles le Bon

Être de mèche avec quelqu'un

>> Être de connivence

Cette expression ne doit rien à la mèche d'un fusil ou d'une bougie. Elle a pour origine le mot italien *mezzo*, qui signifie « moyen » et aussi « moitié ». Attesté en argot dès la fin du XVIIIe siècle, « mèche » est donc dans cette expression une allusion à la notion de « partage » ou encore d'« entente » chez les voleurs. « Être de mèche avec quelqu'un », c'était donc « être de moitié » dans le partage d'un butin ou, dans un sens plus large, « être complice ».

« Année sabbatique »

>> Année de congé

Cette expression fait référence à l'Ancien Testament, et plus précisément au Lévitique, le livre qui constitue un ensemble de lois pour le peuple d'Israël. Dans le chapitre 25, Dieu s'adresse à Moïse et impose différents rites à son peuple. L'un des commandements est de prendre un jour de repos tous les six jours et une année de congé tous les six ans. Or « repos » se dit en hébreu *sabbat*. « Pendant six ans, tu sèmeras ton champ ; pendant six ans, tu tailleras ta vigne et tu en ramasseras la récolte ; la septième année sera un sabbat, une année de repos pour la terre, un sabbat pour le Seigneur. »

Mener une vie de bâton de chaise

>> Avoir une vie dissolue

Cette expression doit son origine aux chaises à porteurs, moyen de locomotion privilégié de nombreux nobles sous l'Ancien Régime. Selon certains linguistes, elle a été créée en référence aux deux grands bâtons latéraux qui servaient à porter la chaise et qui étaient déplacés toute la journée au gré des envies du passager de celle-ci. Pour d'autres historiens du langage, elle fait référence non pas à la chaise, mais aux porteurs qui avaient la réputation d'avoir une vie dissolue et qui, le plus souvent, attendaient le propriétaire de la chaise dans des lieux de débauche.

Lancer un ballon d'essai

>> Tâter le terrain

Cette expression, que l'on trouve dans la correspondance de Chateaubriand ou de Balzac, est apparue dans les années 1830. Elle est née dans le milieu des aérostiers, ces savants qui développaient, depuis la fin du XVIIIe siècle, les montgolfières. Avant de s'élancer avec leurs immenses machines, ils lançaient de petits ballons en l'air pour déterminer la puissance et la direction du vent. La mode des voyages en ballon a propulsé ce « ballon d'essai » dans le langage courant. Il n'est aujourd'hui plus cantonné au monde des dirigeables et désigne toutes les tentatives ou les premiers essais.

« Clouer le bec, à quelqu'un »

>> Faire taire quelqu'un

Contrairement à ce que l'on pourrait croire, le verbe « clouer » utilisé dans cette expression n'a aucun lien avec les clous que l'on plante. Et le bec dont il est question ici n'est pas celui d'un oiseau. « Clouer » est en fait une transformation du verbe « clore », qui signifie tout simplement « fermer ». Il s'agit donc plutôt d'empêcher quelqu'un de s'exprimer en lui fermant le bec, donc la bouche, par des arguments irréfutables ou par une autorité naturelle. Ce qui est quand même plus civilisé que d'employer un clou et un marteau !

28 OCTOBRE St Simon, St Jude

Jeu de main, jeu de vilain

›› Les disputes se terminent mal

Selon les historiens du langage, cette expression très ancienne provient du jeu de paume. Le « jeu de main » est en effet une allusion à ce sport, pratiqué à l'origine avec la paume de la main et non avec une raquette. Quand cette dernière fut mise au point au XVIe siècle, les paysans, que l'on appelait à cette époque les « vilains », n'eurent pas les moyens de s'en offrir. Ils continuèrent donc de jouer avec leurs mains. Or ces parties de jeux de main dégénéraient régulièrement en rixes. Les nobles qui jouaient avec des raquettes et selon des règles plus strictes méprisaient ce « jeu de vilains », indigne d'eux car se terminant mal dans la plupart des cas.

« Tourner casaque »

>> Changer d'opinion

Contrairement à ce que l'on pourrait croire, cette expression n'a rien à voir avec les casaques des jockeys ni avec l'univers des courses hippiques. Apparue au début du XVIIe siècle, elle est dérivée de l'italien *voltare casacca*, qui signifie « changer d'uniforme » pour un soldat ou « changer de livrée » pour un domestique. Par métaphore, la traduction française « tourner casaque » a vite été utilisée pour décrire les personnes qui changent brusquement de parti ou d'opinion, comme ces opportunistes qui retournent leur veste lors de chaque élection afin de toujours figurer au côté des vainqueurs.

Crier quelque chose sur les toits

>> Manquer de discrétion

Cette expression, déjà présente dans la Bible, dans le Nouveau Testament, sous la forme de « prêcher sur les toits » (Luc 12,2-3), doit son origine à l'architecture de l'Orient antique. Les maisons étaient bâties avec, sur leurs toits, de grandes terrasses qui donnaient les unes sur les autres. Les habitants y montaient fréquemment pour discuter avec leurs voisins. C'est au XVIe siècle que l'expression apparut sous sa forme actuelle pour exprimer, dans un premier temps, le fait de parler avec quelqu'un, puis, dans un sens plus péjoratif, le fait de divulguer une information qui ne devrait pas l'être.

Mettre sa main au feu

>> Être certain de quelque chose

Cette expression fait référence à une curieuse pratique judiciaire du Moyen Âge. À cette époque, la justice soumettait les accusés à une épreuve appelée l'« ordalie » ou le « jugement de Dieu », qui était censée prouver leur innocence ou leur culpabilité. Il pouvait s'agir de tenir une barre de fer sortant des braises ou encore de laisser sa main dans les flammes. Si le membre guérissait en moins de trois jours, cela signifiait que l'on était innocent. Dans le cas contraire, le suspect était coupable, et pouvait parfois être condamné… au bûcher !

Du bruit dans Landerneau

>> Une affaire qui fait du bruit

Deux hypothèses sont avancées pour expliquer l'origine de cette expression qui remonte à la fin du XVIIIe siècle. Pour les uns, elle doit son origine au remariage d'une veuve de Landerneau, petite cité du Finistère. Pour éloigner l'âme de son mari défunt qui aurait pu souffrir de cet événement, ses amis se rassemblèrent dans les rues en hurlant et en tapant sur des casseroles. Ils firent donc « du bruit dans Landerneau ». Pour les autres, l'expression provient de la pièce de théâtre d'Alexandre Duval, *Les Héritiers*, jouée pour la première fois en 1796. Dans l'une des scènes, le retour d'un officier de marine que l'on croyait mort fait « du bruit dans Landerneau », sa ville natale !

Faux jeton

>> Hypocrite

Dans l'Antiquité, on utilisait parfois des jetons pour calculer rapidement, comme les Chinois le font encore avec leurs bouliers. Ces pièces étaient notamment employées pour compter des sommes d'argent en minimisant les risques d'erreur. Bien sûr, les petits jetons n'avaient pas de véritable valeur. Mais certaines personnes indélicates avaient imaginé les utiliser d'une tout autre manière : ils s'en servaient auprès des plus simples d'esprit en guise de fausse monnaie. Certains se laissaient ainsi tromper par ces jetons, tout comme on peut se faire berner par les « faux jetons » d'aujourd'hui, les hypocrites.

« Tirer son épingle du jeu »

>> Se retirer habilement d'une situation délicate

Utilisée dès le XVIe siècle, cette expression renvoie à un jeu très populaire à l'époque. La règle était la suivante : les enfants devaient tenter de faire sortir des épingles d'un rond à l'aide d'une balle qu'ils lançaient sur elles. Le but était de récupérer la ou les épingles que l'on avait mises en jeu. Ainsi, si on « tirait son épingle du jeu », on réussissait à récupérer au moins sa mise. Un joueur très doué était cependant capable de s'emparer de toutes celles de ses adversaires. Aujourd'hui, le sens de l'expression s'est élargi pour désigner toute situation difficile d'où l'on se sort sans embûches. »

L'affaire est dans le sac

›› Le tour est joué

Cette expression doit son origine à une tradition courante dans les **cours de justice** au XVIIe siècle. En effet, le juge rassemblait tous les documents et les pièces dans de **grands sacs en toile** ou en cuir après le dernier jugement. C'était une manière facile de les archiver ! D'autres historiens avancent l'hypothèse qu'il s'agissait du sac de l'avocat qui plaçait **son « affaire » dans son sac** quand sa plaidoirie était achevée et dans l'attente du verdict. Cela signifiait alors que le procès était terminé, mais pas forcément gagné !

24 OCTOBRE St Florentin

Se renvoyer la balle

>> Se défausser

Très ancienne, cette locution doit son origine aux parties du célèbre jeu de paume au cours desquelles les joueurs pouvaient **se renvoyer la balle pendant des heures**. Lors de ces échanges souvent interminables, il arrivait que personne ne prenne l'avantage car aucun des joueurs **n'osait prendre l'initiative** d'un coup plus risqué pour gagner. Au XVIIIe siècle, on employait cette expression pour signifier « répliquer par des arguments aussi forts ». On y ajoute depuis le XIXe siècle l'idée de **rejet de ses responsabilités** sur quelqu'un d'autre. Ainsi, Gustave Flaubert écrivait dans sa *Correspondance* : « Tout le monde se renvoie la balle et chacun dit : "Ce n'est pas moi, ce n'est pas moi." »

C'est la fin des haricots

>> C'est la fin de tout

Cette expression d'origine assez obscure serait née dans les cantines de certains internats au cours du XXe siècle. Les haricots étaient alors considérés comme un aliment médiocre et très commun. Les cuisiniers de la cantine les préparaient lorsqu'ils ne savaient plus quoi offrir aux élèves en guise de nourriture. Manger des haricots était donc vécu comme une véritable punition par ces derniers. Alors, quand on arrivait à « la fin des haricots », c'était la fin de tout ! Ils n'osaient même pas imaginer ce qu'ils trouveraient dans leur assiette le lendemain !

Mettre quelqu'un à l'index

>> Exclure, rejeter quelqu'un

Cette expression doit son origine au concile de Trente convoqué par le pape Paul III en 1545 pour lutter contre le développement du protestantisme. À la fin de ce concile qui dura dix-huit ans, l'autorité catholique dressa une liste d'ouvrages soupçonnés de propager des idées hérétiques appelée l'*Index librorum prohibitorum,* l'« Index des livres interdits » (1559). Couramment appelé l'« Index », il est à l'origine de l'expression signifiant que l'on exclut quelque chose ou quelqu'un car il est potentiellement dangereux ou parce qu'il ne respecte pas les règles établies.

« Faire la manche »

>> Demander l'aumône

Le mot « manche » a pris le sens de « cadeau » au Moyen Âge, durant les tournois où s'affrontaient les nobles chevaliers. Pour les remercier ou les féliciter de leur bravoure, les femmes offraient une manche de leur habit aux chevaliers qui se battaient pour elles. Bien plus tard, au XVIIIe siècle, l'expression « faire la manche » est devenue synonyme de « solliciter un cadeau ». Elle s'est popularisée notamment dans l'univers des mendiants, mais aussi dans celui des saltimbanques qui jouaient sur les places des villes et faisaient la quête après leur numéro.

Être chauvin

>> Être excessivement patriote

Cette expression fut forgée en référence à un personnage imaginaire, un soldat enthousiaste et naïf des troupes napoléoniennes nommé Chauvin. Il apparaît dans une pièce de 1821, *Le Soldat laboureur* d'Eugène Scribe, puis dans de nombreuses caricatures. Couvert de blessures, décoré de la Légion d'honneur pour sa vaillance au combat, ce grognard excessivement patriote voue une passion absolue à son pays et à l'Empereur. Dès 1840 apparaît le mot « chauvinisme » qui rencontre un grand succès : il existe même en langues anglaise (*chauvinism*) et allemande (*chauvinismus*) !

Porter un toast

>> Boire à la santé de quelqu'un

Le mot « toast » est issu du mot français médiéval « tostée » qui, au XIIIe siècle, désignait une tranche de pain grillée que l'on trempait dans son verre de vin. Le terme a ensuite été utilisé par les Anglais sous la forme *toast* pour désigner la dame à la santé de laquelle les convives buvaient. On disait même que le simple fait de prononcer son nom parfumait la boisson. Au XVIIIe siècle, le sens de cette expression a encore évolué pour qualifier le fait de boire en l'honneur ou à la santé d'une personne.

21 OCTOBRE Ste Céline

Séparer le bon grain de l'ivraie

›› Séparer le bon du mauvais

Graminée sauvage et nocive, l'ivraie ressemble au blé au milieu duquel elle peut pousser. Or son mélange avec les bonnes céréales peut avoir des conséquences fâcheuses car ses graines sont toxiques et agissent sur les systèmes digestif et nerveux de l'homme. Elle peut même procurer une sorte d'ivresse. Il est donc important d'être vigilant lors des moissons. L'évangéliste Matthieu utilise cette comparaison dans une parabole (13,24-30 et 37-40) où il compare le blé aux serviteurs de Dieu et l'ivraie aux créatures du diable contre lesquelles il faut lutter.

Verser des larmes de crocodile

>> Simuler une fausse tristesse

Cette expression existe sous sa forme actuelle depuis le XVIe siècle, mais son origine est plus ancienne. Elle est issue d'expressions grecques et latines, elles-mêmes fondées sur une antique légende égyptienne ! Elles rappelaient que les crocodiles du Nil avaient la réputation d'attirer leurs futures proies en gémissant à fendre l'âme. Et bien sûr, les naïfs qui s'approchaient des cruels reptiles pour les consoler ou pour tenter de comprendre ce qui pouvait provoquer de tels pleurs n'avaient guère de chances d'échapper à leurs dents acérées.

« Être un maître queux »

>> Être un grand cuisinier

Dans cette expression culinaire, contrairement à ce que l'on pourrait imaginer, le terme « queux » ne fait pas référence à la queue d'une poêle. Le mot est issu du verbe latin *coquere*, qui signifie « cuire ». Ce terme a donné le mot « coq », nom que l'on donne au cuisinier sur les bateaux. Mais pourquoi y avoir ajouté le terme « maître » ? Parce que, dès le Moyen Âge, on donnait ce qualificatif à ceux qui avaient une excellente maîtrise de leur art ou de leur travail. Les très bons cuisiniers furent alors surnommés les « maîtres queux » et ont gardé ce nom, pour le moins étonnant, jusqu'à aujourd'hui.

Être plein aux as

>> Avoir beaucoup d'argent

Deux hypothèses sont avancées pour expliquer cette expression. Certains pensent qu'elle doit son origine aux « as » des Romains, petites pièces de cuivre qui leur servaient de monnaie. Être « plein d'as » était donc synonyme de prospérité. D'autres historiens estiment que cette expression provient probablement du poker. Dans ce jeu d'origine américaine qui date de la fin du XIXe siècle, chaque participant peut gagner la partie s'il détient, ou s'il fait croire qu'il détient, une excellente combinaison comme un carré d'as ou un full aux as. L'expression pourrait donc être la simple traduction en français de « full aux as ».

Avoir la puce à l'oreille

>> Se douter de quelque chose

Apparue au XIIIe siècle, cette expression signifiait « avoir un désir amoureux ». On disait alors qu'une oreille ressemblait à un coquillage, évoquant lui-même un sexe féminin. Cette connotation a été présente jusqu'au XVIIe siècle, comme dans ce vers du *Rossignol*, l'un des *Contes* de La Fontaine : « Fille qui pense à son amant absent, toute la nuit, dit-on, a la puce à l'oreille. » Parallèlement, dès le XIVe siècle, on disait que les oreilles démangeaient quand quelqu'un parlait de vous. Ce sont probablement ces étranges démangeaisons qui ont donné, à partir du XVIIe siècle, son sens moderne à l'expression.

« Cousu de fil blanc »

>> Très visible

Cette expression, relevée dès la fin du XVIe siècle, est née dans les ateliers des couturières. Elles utilisaient un fil blanc, très visible, pour réaliser la couture initiale de leur ouvrage. Son rôle était de maintenir le tissu en place avant la couture définitive. En revanche, cette dernière était réalisée avec un fil de la même couleur que le tissu pour que l'opération soit la plus discrète possible. La métaphore est donc facile à comprendre : une histoire « cousue de fil blanc » est une histoire où l'intrigue, les rebondissements ou la chute finale sont très visibles, voire parfaitement prévisibles.

« Avoir de l'entregent »

>> Savoir se servir de ses relations

Cette expression aurait été empruntée au vocabulaire de la fauconnerie. On disait en effet que les meilleurs fauconniers étaient ceux qui savaient diriger leur oiseau « entre gent », c'est-à-dire au milieu d'un groupe de personnes. Utilisés fréquemment sous cette forme au XIVe siècle, les deux mots n'en firent plus qu'un au siècle suivant : « entregent » désigna alors la civilité ou l'« art de se conduire au milieu des gens ». Il a vite été employé dans les milieux privilégiés pour désigner ceux qui savent nouer des relations mondaines. »

Parler à la cantonade

>> Parler sans s'adresser à quelqu'un en particulier

Cette expression, née chez les comédiens du théâtre itinérant, est apparue au XVIIe siècle en Italie. Importé en France par la commedia dell'arte, le mot italien *cantonata* signifiait « coin de maison ou de rue ». Puis, les estrades étant placées dans les rues, on appela « cantonade » les coins de la scène situés derrière les comédiens, aujourd'hui les « coulisses ». Quand un acteur « parlait à la cantonade », il s'adressait à un personnage fictif, à lui-même, ou au public. Donc, on parle « à la cantonade » sans s'adresser à un interlocuteur précis, mais en prenant bien soin de se faire entendre.

« Tenir le haut du pavé »

>> Avoir une position sociale élevée

Au Moyen Âge, les rues de Paris étaient généralement pavées, mais ne possédaient ni trottoirs ni égouts. Pour cette raison, elles étaient volontairement inclinées afin que les eaux usées puissent s'écouler dans une petite rigole située en leur centre. Pour éviter de se salir, il était donc recommandé de passer au plus près des maisons, à l'abri des projections possibles et des saletés. Quand on croisait une personne de la haute société, la politesse voulait aussi qu'on lui laisse la meilleure place, la plus éloignée du caniveau central. Elle tenait donc le « haut du pavé ».

« Tambour battant »

>> Avec énergie

Sous l'Ancien Régime, le « tambour » était le nom d'un soldat au rôle particulièrement important lors des combats : il était chargé de transmettre avec son instrument des commandements audibles par tous, et aussi de rythmer la cadence des mouvements des troupes. Ces vaillants musiciens étaient souvent placés derrière la première ligne et frappaient leur instrument avec énergie et détermination pour donner du courage aux soldats les plus exposés. D'autres fois, les tambours étaient positionnés en fin de colonne pour stimuler les plus lents. Et il fallait aussi beaucoup d'énergie pour les faire avancer !

Devoir une fière chandelle à quelqu'un

>> Être très reconnaissant envers quelqu'un

Cette expression est une allusion à la coutume chrétienne d'allumer des cierges dans les églises au pied des statues des saints. De cette manière, les fidèles demandaient de l'aide pour que leurs prières soient exaucées. L'ancien adjectif « fière », qui doit être pris dans le sens d'« importante », de « forte » et de « remarquable », renforce l'idée de gratitude. Indispensable à la vie quotidienne comme le pain ou le vin, la chandelle était à cette époque rare et très onéreuse. Le fait de « devoir une fière chandelle » à quelqu'un était donc la marque d'une grande reconnaissance.

« Avoir des yeux de lynx »

>> Avoir une vue perçante

Cette expression doit en partie son origine aux extraordinaires yeux perçants du lynx, cet imposant chat sauvage africain. Mais elle est aussi une référence à un héros de la mythologie nommé Lyncée. Ce dernier était le pilote des Argonautes qui partirent avec Jason à la conquête de la Toison d'or. Lyncée était un guide particulièrement précieux car il avait le don exceptionnel de voir à travers les nuages jusqu'au bout de l'horizon et aussi jusqu'au fond de la mer. Deux facultés qui devaient grandement augmenter la sécurité lors des voyages, à cette époque tourmentée ! »

« Un pays de cocagne »

>> Une terre d'abondance

L'origine de cette expression est assez mystérieuse, mais de nombreux linguistes pensent qu'elle fait allusion à l'ancienne province du Languedoc, où poussaient en grand nombre les pastels, plantes crucifères à fleurs jaunes. On y fabriquait, avec leurs feuilles écrasées, des boules qui portaient le nom de « coques » ou « coquaignes ». Indispensables pour réaliser la teinture bleue des tissus, ces boules furent une extraordinaire source de richesse pour le Languedoc, au XVIe siècle. Importé d'Asie, l'indigo ruina dès le siècle suivant les producteurs de ce « pays de cocagne » !

18 MARS St Cyrille

Parler français comme une vache espagnole

>> Baragouiner le français

Connue dès 1640, cette expression est expliquée de plusieurs manières par les linguistes. Pour beaucoup, le mot « vache » serait une déformation de « vasces », terme qui désignait les Basques au XVIIe siècle. Pour d'autres, il s'agirait d'une transformation du mot « basse », synonyme de « servante », dont le langage était forcément limité. Pour les derniers, le mot « vache » désigne bien le ruminant dont le nom a souvent été utilisé pour donner une connotation négative à une expression. L'adjectif « espagnole » ajoute encore à cela, car il avait une valeur fort négative au XVIIe siècle.

Prendre des mesures draconiennes

>> Prendre des mesures très sévères

Cette expression a été forgée en mémoire de Dracon, juriste d'Athènes célèbre pour avoir rédigé et imposé dans sa cité une législation très stricte, au VIIe siècle av. J.-C. Son principe était aussi simple que radical : quelles que soient les fautes commises par les citoyens, une seule peine était appliquée, la mort. Les réactions de la population furent vives et Dracon fut contraint de s'exiler. Une « mesure draconienne » n'est plus aujourd'hui une peine capitale : elle s'est adoucie, mais reste une décision stricte et souvent difficile à appliquer.

« Entre chien et loup »

>> À la tombée de la nuit

Employée en français à partir du XIIIe siècle, l'expression était déjà largement utilisée dans l'Antiquité romaine avec la formule latine *« Inter canem et lupum »*. Elle désignait en effet le moment où l'homme ne peut distinguer le chien du loup car il fait trop sombre pour les différencier. Dans l'expression, le chien symbolise le jour, rassurant et chaleureux, tandis que le loup représente l'angoisse apportée par la nuit, propice à la peur et aux cauchemars.

« Battre son plein »

>> Être au moment le plus intense

Les linguistes avancent deux hypothèses pour expliciter cette expression. Pour les uns, elle doit son origine au phénomène des marées. Elle désigne en effet le moment où, lorsque la mer atteint son point le plus haut, elle bat le rivage et reste stable pendant un moment avant de commencer à se retirer. Pour les autres, il s'agit d'une référence à la musique et plus particulièrement à l'art de jouer du tambour : « battre son plein » signifierait alors « battre son tambour » en produisant un son « plein ». Quelle que soit son origine, l'expression, qui date du milieu du XIXe siècle, signifie aujourd'hui « être à son plus haut niveau d'intensité ».

« Faire bonne chère »

>> Faire un bon repas

Le mot « chère », qui ne s'écrit pas « chair » comme on pourrait le penser, a beaucoup évolué au fil des siècles. À l'origine, connu sous la forme « chière », il désignait l'« attitude », l'« air » ou bien la « mine » d'une personne. Faire « bonne chière » à une personne voulait donc dire lui réserver un très bon accueil. À partir du XVIe siècle, le mot « chière » se modifia en « chère » et son sens évolua aussi très légèrement. Le « bon accueil » se transforma en « bon repas », ce qui n'est pas illogique et plutôt agréable !

Oiseau de mauvais augure

>> Personne qui annonce un malheur

Cette expression, employée depuis le XVIIe siècle, est formée à partir du mot latin *augurium* qui signifie « présage ». Dans l'Antiquité romaine, des devins étaient chargés d'observer le ciel pour y rechercher des présages et les révéler aux autorités. Cette divination consistait parfois en l'étude des entrailles des oiseaux. Ceux qui étaient de « mauvais augure » annonçaient de mauvaises nouvelles. Les linguistes signalent aussi que les oiseaux véhiculent souvent une image négative. C'est pourquoi il est plus fréquent d'employer cette expression que « oiseau de bon augure », qui existe pourtant.

C'est la galère !

>> C'est une situation désagréable !

Cette expression, qui a pris son sens actuel au début des années 1970, puise son origine à l'époque de l'Ancien Régime. Jusqu'au XVIIIe siècle, les galères étaient des bateaux sur lesquels les criminels et les voleurs de grand chemin étaient condamnés à purger leur peine. Leur situation n'y était guère enviable : attachés et maltraités, ils étaient obligés de ramer en permanence pour faire avancer les navires, sous peine de recevoir le fouet. Les galères ont été supprimées par Louis XV en 1748, mais elles sont restées un symbole de pénibilité.

11 OCTOBRE St Firmin

« Par l'opération du Saint-Esprit »

>> De façon inexplicable

Cette expression, le plus souvent employée de façon ironique ou pour exprimer le scepticisme, fait référence à un épisode de la Bible décrit dans l'Évangile de Matthieu (18,23). Celui-ci y retrace la conception de Jésus par ses mots : « Marie, mère de Jésus, ayant été fiancée à Joseph, se trouva enceinte par la vertu du Saint-Esprit avant qu'ils eussent habité ensemble. » Une grossesse pour le moins extraordinaire ! Aujourd'hui, l'expression est utilisée pour se moquer d'une personne incapable d'expliquer une situation, arrivée en général de façon si surprenante qu'elle semble être d'origine divine.

« Crier au loup »

>> Avertir d'un danger

La sinistre réputation des loups est à l'origine de cette expression. Depuis les temps ancestraux, ces carnivores ont toujours été considérés comme les plus grands ennemis des humains, menaçant les troupeaux et les enfants, terrorisant la population avec leurs crocs et leurs hurlements. Le loup est d'ailleurs devenu le symbole du danger et tient le rôle du méchant dans de nombreux contes. Il a tant marqué les esprits que, aujourd'hui encore, et alors que les loups sont de plus en plus rares, on continue de « crier au loup » pour prévenir d'un danger ! »

Un cheval de Troie

>> Un ennemi infiltré sous une autre apparence

Cette expression doit son origine à l'un des plus célèbres épisodes de la guerre de Troie, raconté par Homère dans *L'Iliade* et *L'Odyssée*. Après avoir assiégé en vain la ville de Troie pendant près de dix ans, les Athéniens eurent une idée de génie. Feignant de lever le siège, ils laissèrent derrière eux un immense cheval en bois creux où s'étaient cachés Ulysse et ses soldats. Intrigués, les Troyens firent entrer le cheval dans l'enceinte et, la nuit suivante, les soldats grecs en sortirent et purent ainsi s'emparer de la cité. Aujourd'hui, le « cheval de Troie » donne aussi son nom aux logiciels malveillants contenant des virus qui s'introduisent dans les ordinateurs afin de les détruire.

Entre la poire et le fromage

>> Un temps libre

Cette expression est née avant le XVIIe siècle. À cette époque, le déroulement du repas était légèrement différent de celui que l'on connaît aujourd'hui. En effet, les convives mangeaient un fruit, généralement une poire dont il existait de très nombreuses variétés, avant de déguster le fromage qui annonçait la véritable fin du repas. C'était donc un moment un peu à part, celui où les gens étaient repus et détendus. Puis le sens de l'expression a évolué vers « un moment libre entre deux événements », comme l'était le temps « entre la poire et le fromage ».

Faire la grève

>> Cesser le travail

Cette expression employée depuis le début du XIXe siècle est une allusion méconnue à la place de Grève, située à Paris, à l'emplacement de l'Hôtel de Ville actuel. Elle était ainsi dénommée car elle s'étirait en pente douce jusqu'à la Seine, comme une plage. C'est à cet endroit que se retrouvaient les gens sans travail. Initialement, « faire la grève » signifiait donc « rechercher du travail ». Puis, dès le milieu du XIXe siècle, le mot « grève » fut employé avec son sens actuel d'« arrêt de travail volontaire ».

« Être une poule mouillée »

>> Être une personne peureuse

Connue depuis le XVIIe siècle, cette expression péjorative fait allusion au comportement de la poule, qui n'est pas très réputée pour son courage. Ce volatile de basse-cour est en effet souvent associé à l'idée de lâcheté car il s'enfuit dès que l'on s'en approche. Par ailleurs, lorsqu'elle a été surprise par la pluie, la poule alors mouillée se tient souvent immobile et à l'écart des autres animaux, comme si elle avait honte. Être traité de « poule mouillée », autrement dit de « froussard », n'est donc pas très valorisant !

« Partir en vadrouille »

>> Se promener sans but précis

Le mot « vadrouille » utilisé dans cette expression connue depuis le XIXe siècle n'est en aucune manière synonyme de contrée lointaine, comme le pensent certains. Ce terme désignait autrefois une sorte de serpillière de laine fixée à un bâton et utilisée dans la marine pour nettoyer le pont des bateaux. Le jeune mousse chargé de ce nettoyage opérait sans grande conviction et surtout sans chemin prédéfini. Il se déplaçait de gauche à droite avec sa vadrouille au gré de sa fantaisie. C'est ainsi qu'est née l'expression « partir en vadrouille » pour désigner par métaphore le fait de se promener sans véritable but.

Les murs ont des oreilles

>> On risque d'être écouté

Tout d'abord utilisée avec les termes « murailles » (1622) puis « parois » (1627), l'expression « les murs ont des oreilles » est attestée depuis 1690. Le fait de prêter à la pierre un pouvoir humain révèle, selon les historiens du langage, une véritable angoisse d'être espionné, surtout en période de guerre. À l'époque, on trouve même chez Racine la forme « les murs ont des yeux ». Des yeux et des oreilles, ces murs étaient décidément bien pourvus ! L'expression actuelle a été très employée lors de la Seconde Guerre mondiale, notamment par les résistants qui codaient leurs messages pour échapper aux écoutes clandestines.

Travailler au pair

>> Travailler en échange d'une rétribution égale

Cette expression est fondée sur le mot « pair », lui-même issu du latin *par* qui signifie « égal » et porte en lui l'idée de parité. Utilisé depuis le xe siècle en français, le terme « pair » avait le sens de « personne de la même condition sociale ». À partir du xvie siècle, le mot est entré dans le monde économique pour désigner une parité, c'est-à-dire deux éléments qui ont la même valeur. « Travailler au pair » a donc aujourd'hui le sens de travailler en échange de quelque chose de même valeur que le travail fourni. Il s'agit par exemple, dans le cas d'une jeune fille au pair, du logement et de la nourriture contre la garde des enfants.

Payer en monnaie de singe

>> Payer en fausse monnaie ou en plaisanteries

Au temps du bon roi Saint Louis (1214-1270), le pont qui reliait la petite île de la Cité à la rue Saint-Jacques, à Paris, était payant pour tout le monde… ou presque. En effet, les jongleurs et les forains qui avaient le bonheur de posséder un petit singe savant échappaient à cette taxe douloureuse, à une condition près : le petit animal devait exécuter devant le responsable du péage du pont un numéro de pirouettes ou de grimaces. Si le numéro était satisfaisant, l'animal et son maître traversaient gratuitement.

Lyncher quelqu'un

>> Violenter ou exécuter quelqu'un sommairement

Les origines de cette expression née aux États-Unis sont incertaines. Mais de nombreux linguistes estiment qu'elle pourrait être une allusion au patriote américain William Lynch, un fermier qui s'était improvisé juge de paix au XVIIIe siècle. Les procès qu'il dirigeait contre les colons britanniques étaient particulièrement expéditifs. Cette manière de juger donna naissance au mot « lynchage » au XIXe siècle, pour qualifier la justice expéditive appliquée aux Indiens, puis aux Noirs du sud des États-Unis. On l'emploie aujourd'hui pour signifier le fait de violenter gravement quelqu'un.

« Un ours mal léché »

>> Une personne rustre, peu sociable

Autrefois, on pensait qu'après leur naissance les oursons devaient impérativement être léchés de longues heures par leur mère pour être propres et, ainsi, être acceptés par le groupe. Une croyance voulait même que les ours ainsi léchés soient modelés par leur maman comme avec de l'argile. Au XVIIe siècle, lorsqu'on qualifiait quelqu'un d'« ours mal léché », on sous-entendait qu'il souffrait d'une malformation physique, comme si son modelage n'était pas achevé. L'« ours mal léché » a ensuite désigné une personne en dehors de la norme par sa grossièreté ou un comportement asocial.

« Battu sur le fil »

>> Vaincu au dernier moment

Forgée au XXe siècle, cette expression n'est pas née dans le milieu des amateurs de couture, de pêche ou de cerfs-volants, mais dans l'univers des athlètes et plus spécialement dans celui des sprinteurs. En effet, avant la toute-puissance des caméras et des faisceaux électroniques, les juges installaient un fil de laine au-dessus de la ligne d'arrivée. Le premier qui le touchait et l'arrachait était déclaré vainqueur. On gagnait donc sur le fil ou on était « battu sur le fil ». L'expression s'est ensuite étendue à l'ensemble des sports, puis au langage courant.

Sabler le champagne

>> Fêter un événement

Aux XVIIe et XVIIIe siècles, on « sablait » tous les vins, et pas uniquement le champagne. Car le verbe signifiait à l'époque « boire rapidement » ou « boire cul sec ». Au début du XIXe siècle, le verbe s'applique uniquement au champagne et son sens évolue légèrement de « boire en abondance » à « boire pour fêter quelque chose ». Notons que, selon certains linguistes, le verbe « sabler » pourrait également être une allusion au fondeur qui, au XVIIIe siècle, faisait rapidement couler le métal en fusion dans un moule de sable fin, comme le buveur fait couler la boisson dans sa gorge.

Ne pas en mener large

>> Être inquiet ou mal à l'aise

Cette expression est née à la fin du XIXe siècle dans l'univers du dressage et de l'équitation. Elle était alors utilisée dans son sens propre pour expliquer que l'on ne s'écartait pas du tracé prévu sur la piste : le cavalier ne menait pas sa monture au large. À l'inverse, « mener large » signifiait que le cavalier, très à l'aise, laissait beaucoup de liberté à sa monture par rapport au chemin prévu dans le manège. Au XXe siècle, l'expression s'est répandue pour qualifier une situation dans laquelle on est si inquiet ou mal à l'aise que l'on n'ose pas en « mener large », c'est-à-dire s'éloigner de la règle édictée.

29 MARS Ste Gwladys

Un secret de Polichinelle

>> Un secret connu de tous

Cette expression amusante a été popularisée au début du XIXe siècle. Elle provient du comportement de Polichinelle, ce héros bossu des farces et des théâtres de marionnettes de la commedia dell'arte, connu en France depuis le XVIIe siècle. Personnage fanfaron, rempli de verve mais dénué de finesse, Polichinelle parle fort sans toujours réfléchir à ses paroles. C'est ainsi qu'il rend publics, sans s'en apercevoir et avec une incroyable maladresse, tous les secrets qui lui sont confiés. Aujourd'hui, on emploie cette expression au sujet d'une révélation que l'on n'ose pas faire, dans les médias par exemple, mais dont tout le monde est au courant.

« Un coup de Trafalgar »

>> Un accident désastreux

Cette expression doit son origine à un épisode des guerres napoléoniennes. Le 21 octobre 1805, l'amiral britannique Nelson remporte une écrasante victoire contre les flottes française et espagnole à Trafalgar, au nord-ouest du détroit de Gibraltar. Mieux armés et plus nombreux, les alliés franco-espagnols ne peuvent pourtant rien contre le génie de Nelson. Le meilleur « coup » de l'amiral est d'avoir transpercé la ligne formée par ses ennemis pour isoler leurs navires, et donc les fragiliser. Nelson perd la vie lors du combat naval, mais il réduit à néant l'ambition napoléonienne de conquérir l'Angleterre. »

« C'est kif-kif bourricot »

>> C'est la même chose

À l'instar de nombreux mots comme « toubib » ou « algèbre », cette expression a été empruntée à l'arabe du Maghreb. Construite sur le redoublement du terme « kif » qui signifie « comme » ou « pareil », elle a été rapportée en France par les soldats des armées d'Afrique du Nord sous le second Empire (1852-1870). Très proche, la variante « kif-kif bourricot » est inspirée d'une autre expression arabe, « pareil à l'âne », qui signifie « la même chose ». Elle a été rapportée en France à la même époque pour rendre encore plus amusante l'expression « kif-kif ».

C'est là que le bât blesse

>> Là est le problème

Apparue dès le milieu du XVe siècle, cette expression est une allusion au bât que les paysans plaçaient sur le dos des bêtes de somme. Fait de bois et de cuir, il servait à fixer les charges lourdes sur les animaux. Ainsi, les bêtes dont le bât était trop chargé ou mal attaché pouvaient facilement se blesser et souffrir en quelques heures de plaies douloureuses. À l'origine, l'expression fait donc référence au point faible physique d'une personne, mais son sens a été étendu au point sensible, quel qu'il soit.

31 MARS St Benjamin

Un travail de Titan

>> Un travail colossal

Dans la mythologie grecque, les Titans étaient des géants, enfants colossaux d'Ouranos et de Gaia, les divinités du Ciel et de la Terre. Maîtres du monde, ils osèrent entrer en guerre contre Zeus, le dieu des dieux. Le conflit dura dix ans. Les Titans voulurent atteindre le ciel où le dieu était réfugié. Pour y parvenir, ils entassèrent l'une sur l'autre les trois plus hautes montagnes de Grèce : l'Olympe, l'Ossa et le Pélion. Un travail véritablement colossal ! Mais, grâce à la foudre, au tonnerre et au soutien des Cyclopes, Zeus remporta cette guerre. Il s'empara du pouvoir à jamais et enferma les Titans dans les profondeurs de la Terre.

« Vider son sac »

>> Dire ce que l'on a sur le cœur

Selon les historiens du langage, cette expression est apparue au XVIIe siècle, mais leurs avis divergent sur son origine. Pour les uns, le sac serait une référence au ventre et le fait de « vider son sac », une métaphore assez élégante du verbe « déféquer », avec une notion de soulagement que l'on retrouve dans le sens de « dire ce que l'on a sur le cœur ». D'autres estiment que cette expression vient du monde judiciaire. Les avocats mettaient leurs dossiers sous forme de rouleaux dans des sacs qu'ils vidaient au fur et à mesure des plaidoiries.

« Noyer le poisson »

>> Embrouiller quelqu'un

Apparue au xxe siècle dans le vocabulaire des pêcheurs à la ligne, cette expression a perdu son sens initial qui était de « fatiguer volontairement un poisson ». Quand un gros poisson mord à l'hameçon, le pêcheur a tout intérêt à l'épuiser pour mieux l'attraper, en le plaçant successivement dans l'eau et hors de l'eau. Celui-ci est ainsi perdu, il ne sait plus quand il peut ou non ouvrir ses branchies et il se noie. Le sens de l'expression a évolué pour dire que l'on trouble volontairement non pas un poisson, mais une personne pour lui faire oublier quelque chose ou pour l'« embobiner ».

« Jeter la pierre à quelqu'un »

>> Accuser, blâmer quelqu'un

Attestée depuis 1672, cette expression est pour certains linguistes une référence directe à un épisode de l'Évangile selon Jean (8,7) où il est question de jeter la « première pierre » à la femme adultère. À cette époque, la religion punissait de lapidation ceux et celles qui commettaient certains péchés, tel l'adultère. Interrogé sur cette pratique, Jésus-Christ incita à l'indulgence en répondant : « Que celui qui n'a jamais péché lui jette la première pierre. » Ce que, bien évidemment, personne ne fit...

« Après nous le déluge ! »

>> Peu importe ce qui arrivera après notre départ !

Ces mots auraient été adressés par la marquise de Pompadour à son amant le roi Louis XV, après la bataille de Rossbach (1757), en Prusse. Les soldats de l'alliance franco-autrichienne, malgré leur avantage numérique, y furent sévèrement vaincus par les Prussiens de Frédéric II. Déprimé par cette déroute, Louis XV fut consolé par sa maîtresse. Insensible aux malheurs de l'État, elle lui aurait dit de ne pas s'affliger pour si peu, concluant son propos par ces mots : « Au reste, après nous le déluge ! » La marquise a-t-elle réellement prononcé cette phrase ou lui fut-elle attribuée par des opposants ? L'histoire ne le dit pas.

« Chauffe Marcel ! »

>> Vas-y à fond !

Cette expression a été créée par les humoristes Dupont et Pondu au début des années 1960. Dans un de leurs sketchs, un homme tente de séduire une femme pendant que son ami joue de l'accordéon. Chaque fois que la musique s'arrête, le premier lui crie « Chauffe Marcel ! », parodiant le « Chauffe ! » que se lançaient les jazzmen sur scène pour s'encourager. Par la suite, cette expression a été popularisée par Jacques Brel. Lors de l'enregistrement de la chanson *Vesoul* en 1968, il adresse à son accordéoniste Marcel Azzola un énergique « Chauffe Marcel ! » qui sera conservé.

« Un baiser de Judas »

>> Une fourberie

Apôtre de Jésus, Judas Iscariote est un personnage majeur du Nouveau Testament de la Bible. Présenté comme un être fourbe et vil, il accepte, pour la somme de 30 deniers, de dénoncer le Christ aux Romains qui le recherchent. Afin que les soldats puissent reconnaître Jésus au milieu des autres apôtres réunis sur le mont des Oliviers, il est convenu que Judas l'embrasse pour le désigner. Alors que Jésus est livré au gouverneur romain Ponce Pilate, Judas, en proie au remords, jette l'argent et se pend.

Tomber comme à Gravelotte

>> Tomber en grande quantité

Cette expression fait allusion à l'un des épisodes les plus terribles de la guerre franco-allemande de 1870 : la bataille de Saint-Privat. Ce combat, qui a marqué les esprits par sa violence, eut lieu à Gravelotte, un village mosellan situé à une quinzaine de kilomètres de Metz. On ne sait pas si cette expression est une référence au nombre de soldats « tombés », tués, ou à la densité inhabituelle des obus et des tirs, mais on l'emploie aujourd'hui dans un sens très élargi pour évoquer une forte pluie ou pour qualifier des événements indésirables qui se succèdent.

Avoir un chat dans la gorge

>> Être enroué

Selon la plupart des étymologistes, cette expression très populaire semble provenir d'une confusion entre les mots « matou » et « maton ». À la fin du XIe siècle, ce dernier terme désignait non seulement le lait caillé, mais aussi les grumeaux qui pouvaient se former dans divers liquides. Puis le mot « maton » fut utilisé pour qualifier tout type d'amas de poils ou de laine pouvant obstruer des orifices. Peu à peu, le « matou » aurait remplacé le « maton », puis le « chat » le « matou » dans l'expression, pour signifier qu'une personne a la gorge prise et que sa voix est enrouée.

27 SEPTEMBRE St Vincent de Paul

« Avaler des couleuvres »

>> Subir une vexation sans pouvoir protester

Deux versions sont proposées par les linguistes pour expliquer cette expression qui existe depuis le XVe siècle. Selon Alain Rey, les anciens sens des mots « couleuvre » et « couleur » se seraient mêlés, le premier signifiant « tortueux » au XVIe siècle et le second, « fausse apparence » du XVe au XVIIe siècle. La couleuvre serait donc devenue le symbole de l'hypocrisie et du mensonge. Selon le linguiste Claude Duneton, l'expression serait née dans les cuisines, quand les chefs indélicats faisaient « avaler des couleuvres » à des convives au lieu des anguilles annoncées, en jouant sur la ressemblance des deux animaux.

« Être fier comme un pou »

5 AVRIL Ste Irène

>> Être très orgueilleux

Cette expression n'a curieusement rien à voir avec les parasites contre lesquels se battent régulièrement les mères de famille. En effet, elle est née d'une confusion entre le pou et l'ancien français pouil. Ce dernier terme, issu du latin *pullus*, désignait le coq, bien connu pour son orgueil. Cette confusion est attestée dès le XVIIe siècle par l'expression « fier comme un pou sur son fumier ». Au fil des ans, on a oublié le fumier et le pou a remplacé le roi de la basse-cour ! Depuis, on a même formé de nouvelles expressions, comme « fier comme un pou sur un chignon », pour légitimer notre insecte !

« Il y a de l'eau dans le gaz »

>> Il y a des conflits entre deux personnes

Cette expression fait référence à la fois au domaine de la cuisine et à celui de la physique. En effet, lorsque de l'eau pénètre dans les trous des brûleurs d'une gazinière, la flamme vacille, change de couleur et parfois peut même s'éteindre brutalement. L'eau et le gaz ne font donc pas bon ménage ! Mais il y a un autre paramètre : le bruit provoqué par l'évaporation de l'eau sur les flammes peut rappeler celui précédant une explosion. Et l'on peut assimiler cette explosion à des paroles fortes, autrement dit à des disputes. »

Vendre la mèche

>> Trahir un secret

Répandue au XIXe siècle, cette expression est la déformation d'une autre locution, « éventer ou découvrir la mèche », issue du langage des artilleurs à la fin du XVIe siècle. À cette époque, lorsque l'on « éventait la mèche » d'une mine ou d'un engin explosif ennemi, cela signifiait qu'on l'avait rendue inoffensive et qu'il n'y avait donc plus rien à craindre. Par extension, cette expression a pris le sens de « révéler quelque chose, un secret ». Enfin, elle s'est transformée au XIXe siècle en « vendre la mèche » avec une connotation négative, comme vendre un secret à des ennemis ou vendre son âme au diable.

Bavard comme une pie borgne

>> Très bavard

Connue depuis le XVIIe siècle, cette expression fait bien sûr référence à la pie, réputée pour jacasser bruyamment dans les peupliers et les bouleaux où elle aime nicher. Le mot « bavard » qui qualifie la pie est issu du terme « bave », la salive, qui symbolise la parole. Le terme « borgne », plus surprenant, fait allusion à une coutume très cruelle. En effet, on crevait parfois les yeux des pies pour les dresser à répéter des sons. On espérait ainsi que le fait de réduire un sens à néant allait en développer un autre !

Un vieux de la vieille

>> Une personne très expérimentée

Apparue pour la première fois en 1847 dans le roman d'Honoré de Balzac *Le Cousin Pons*, cette expression est une allusion aux vieux grognards, les plus anciens soldats qui formaient la garde impériale de Napoléon. Ce corps d'armée célèbre, qui « meurt, mais ne se rend pas », est composé de deux troupes : la jeune et la vieille. Lors des déplacements militaires, les « vieux de la vieille » avaient le privilège de toujours marcher en tête. Être un « vieux de la vieille » signifie aujourd'hui que l'on a une grande expérience, mais également que l'on mérite du respect en retour.

« C'est la Berezina »

>> C'est une déroute, un échec cuisant

Cette expression doit son origine à l'un des épisodes les moins glorieux de l'histoire de France. En 1812, pour échapper aux soldats russes, la Grande Armée de Napoléon devait à tout prix traverser la Berezina, une rivière de l'empire russe qui se trouve aujourd'hui en Biélorussie. Mais l'hiver était glacial, la température descendait à moins 30 °C et les eaux charriaient des glaçons. La traversée de cette rivière de 100 m de large fut terrible. Sur les 70 000 soldats qui la tentèrent, seuls 30 000 parvinrent sains et saufs sur l'autre rive. L'expression est aujourd'hui encore utilisée pour désigner une grande déroute.

Tenir la chandelle

>> Être seul avec un couple d'amoureux

Née au début du XIXe siècle, cette expression a été popularisée au temps où la lumière électrique n'existait pas encore. Vers 1830, une coutume curieuse imposait à l'un des garçons d'honneur, un adulte à cette époque, de rester dans la chambre des jeunes mariés pendant la nuit de noces. Son rôle était d'éclairer le lit des mariés durant leurs ébats tout en leur tournant le dos. Selon d'autres historiens, cette mission aurait été confiée à un domestique. Depuis, l'expression a évolué et évoque aujourd'hui une situation inconfortable où l'on se sent de trop.

« Caviarder un article »

>> Censurer un article

Cette étrange expression doit son origine aux derniers tsars de Russie qui régnaient d'une main de fer sur leur empire, au XIXe siècle, et avaient une conception très limitée de la liberté de la presse. Soucieux de contrôler les écrits de leurs opposants avant leur impression, ils avaient institué une censure rigoureuse en faisant recouvrir d'encre les passages qui ne leur plaisaient pas. Ces passages noircis ressemblant sensiblement aux grains noirs du caviar, produit russe par excellence, on employa l'expression « caviarder un article » pour signifier sa censure. »

S'en laver les mains

>> Dégager sa responsabilité

Employée dans le langage courant depuis le début du XVe siècle, cette expression est une allusion à un épisode de la vie de Jésus-Christ, retracé dans l'Évangile de Matthieu (27,24). Elle fait référence au comportement du gouverneur romain Ponce Pilate. Celui-ci livra le Christ à la foule qui voulait le crucifier, en s'exonérant de toute responsabilité sur les conséquences de cet acte : « Pilate, voyant qu'il ne gagnait rien, mais que le tumulte augmentait, prit de l'eau, se lava les mains en présence de la foule, et dit : "Je suis innocent du sang de ce juste. Cela vous regarde." »

22 SEPTEMBRE St Maurice

« L'échapper belle »

>> Se tirer d'une situation délicate

Cette expression apparue au XVIIe siècle doit sa popularité au jeu de paume. Les pratiquants de ce sport étaient souvent moqués par les spectateurs quand ils rataient une balle facile. Ceux-ci leur criaient alors : « Vous l'avez échappé belle », ce qui signifiait : « Vous avez laissé échapper une balle bien lancée ! » On disait aussi « la manquer belle ». Bien plus tard, au XXe siècle, ce terme s'est répandu dans l'univers du cyclisme : lorsqu'un coureur quittait le peloton de tête pour arriver le premier, il faisait une « belle échappée ».

« Un coup de Jarnac »

>> Un coup imprévu

Ce célèbre coup fut donné le 10 juillet 1547, lors d'un duel qui opposa Guy Chabot de Saint-Gelais, baron de Jarnac, à François de Vivonne, seigneur de la Châtaigneraie et favori du roi Henri II. L'affrontement eut lieu devant le château royal de Saint-Germain-en-Laye. Lors du combat, le baron de Jarnac fut le plus habile et donna un coup à Vivonne avec le poignard qu'il tenait dans sa main gauche. Touché au jarret, son adversaire fut vaincu et mourut peu après. L'expression s'emploie aujourd'hui en référence à un coup imprévu et violent, considéré à tort comme déloyal. »

« Jouer l'Arlésienne »

>> Ne pas venir

Directement issue de la littérature, cette expression fait référence à un célèbre conte des *Lettres de mon moulin* (1869) d'Alphonse Daudet. Cette histoire met en scène Jan, un jeune paysan, amoureux d'une habitante d'Arles volage et séduisante. Le jour de la noce, la belle Arlésienne, objet de tant de passions, ne vient pas. Le pauvre Jan ne s'en remettra jamais et se donne la mort après avoir appris l'infidélité de sa bien-aimée. Aujourd'hui, cette expression désigne par extension les choses et les personnes dont on ne cesse de parler sans jamais les voir, tout comme l'Arlésienne qui est au centre de l'intrigue mais n'apparaît jamais. »

« Boire du petit-lait »

>> Éprouver une intense satisfaction

Cette expression n'a pas une origine très précise. Elle est sûrement née de la déformation d'une ancienne locution connue dès le XVIIIe siècle, « avaler doux comme lait », qui s'est transformée en « boire du lait » avant de se stabiliser dans sa forme actuelle. Toutes ces expressions font certainement référence au bonheur que connaissent les nourrissons et les très jeunes enfants quand ils boivent le lait de leur maman. Pour eux, le lait n'est que douceur. À ne pas confondre avec l'expression « boire comme du petit-lait », utilisée pour parler d'un alcool que l'on boit avec plaisir et facilité !

« Manquer le coche »

>> Rater une occasion

Cette expression doit probablement son origine aux deux sens du mot « coche ». Ce dernier désignait en effet une grande voiture tirée par des chevaux et servant à transporter autrefois les voyageurs dans les grandes villes, et également un grand bateau de rivière, halé par des chevaux, qui servait aussi à transporter des passagers. « Manquer le coche » avait donc le même sens que manquer le bus ou le métro aujourd'hui. L'expression a survécu à la disparition de ce moyen de transport pour n'être utilisée de nos jours que dans son sens figuré de « manquer quelque chose ».

Avoir un nom à coucher dehors

>> Avoir un nom difficile à prononcer

Au Moyen Âge, les voyageurs qui devaient se loger n'avaient, contrairement à aujourd'hui, aucun moyen de réserver à l'avance. Leur apparence ainsi que leur identité revêtaient donc une grande importance. En effet, pour demander le gîte à un aubergiste à la nuit tombante, ils criaient leur nom devant l'établissement en guise de présentations. Il valait alors mieux avoir un nom connu, à résonance chrétienne de préférence, et surtout pas un patronyme difficile à comprendre ou, pis encore, étranger, car dans ce cas la porte restait fermée pour le pauvre voyageur.

19 SEPTEMBRE Ste Émilie

« En mettre plein la vue »

>> Impressionner

Cette expression, qui s'utilise dans un langage plutôt familier aujourd'hui, était beaucoup plus noble au moment de son apparition, au XVIIe siècle. À cette époque, elle était employée sous la forme curieuse de « donner dans la vue à quelqu'un », notamment par le grand dramaturge Corneille. Elle signifiait qu'un tissu ou que la texture d'une étoffe éblouissait une personne par son éclat. Puis elle a très vite pris le sens de « séduire une personne ». Sa signification actuelle, plus péjorative et qui sous-entend un peu d'esbroufe, n'est apparue qu'au XIXe siècle.

Eurêka !

>> J'ai trouvé la solution !

Ce cri de joie et de victoire aurait été poussé par Archimède, l'un des scientifiques grecs les plus réputés de l'Antiquité, qui vécut au IIIe siècle av. J.-C. Un jour, dans son bain, il fit une découverte révolutionnaire pour son temps : il remarqua que le poids de ses membres diminuait. Il en déduisit que cette perte de poids correspondait au volume d'eau déplacée, car tout corps plongé dans un fluide déplace un volume d'eau correspondant. Ravi de son raisonnement, il serait alors sorti de son bain en criant son célèbre « Eurêka ! », expression grecque qui signifie : « J'ai trouvé ! »

Se porter comme un charme

>> Être en bonne santé

Deux explications sont proposées par les linguistes à cette expression employée dès le début du XIXe siècle. Pour les uns, elle est née dans l'univers de la magie. Dès le XIIe siècle, le terme « charme » était synonyme de « sortilège ». Ainsi, une personne qui se « portait comme un charme » pouvait avoir reçu « de bons sortilèges ». Pour Pierre Larousse, cette expression était plus simplement une référence à la solidité et à la force des arbres, comme dans l'expression « se porter comme un chêne ». Une explication qui se justifie quand on sait que le bois du charme est particulièrement dur et dense.

« Manger comme un chancre »

>> Manger avec voracité

Pour expliquer cette curieuse expression née au XIXe siècle, certains spécialistes font référence au monde de la médecine. Ils y voient en effet une plaisanterie d'étudiants impressionnés par la rapidité de la propagation dans le corps du chancre, ce petit ulcère de la peau qui est le premier stade de certaines maladies infectieuses. D'autres préfèrent y déceler une allusion au « chantre », le moine responsable du chant dans les abbayes, dont le nom aurait été déformé au fil des ans. Souvent représenté sous les traits d'un bon vivant, le chantre était en effet doté de la réputation, tout à fait erronée, de gros mangeur et buveur ! »

« Courir le cachet »

>> **Chercher activement du travail**

Au XVIIIe siècle, de nombreux professeurs donnaient des cours particuliers. Le « cachet » était le nom de la carte sur laquelle ces précepteurs notaient le nombre de leçons qu'ils avaient données afin d'être payés. Pour gagner le plus d'argent possible, ils devaient multiplier les cours et donc courir à gauche et à droite. « Courir le cachet » signifiait alors « se démener dans la recherche de rétributions ». Au début du XXe siècle, l'expression a été transposée au monde du spectacle. Le « cachet » est devenu la rémunération d'un artiste, et la locution « courir le cachet » désigna le fait de se battre pour obtenir le plus de rôles possible. »

Mentir comme un arracheur de dents

>> Mentir sans scrupules

Usitée dès le début du XVIIe siècle, cette expression est une allusion amusante aux dentistes qui offraient autrefois leurs services aux villageois sur les places publiques et dans les foires. Pour attirer un grand nombre de personnes, certains charlatans osaient affirmer haut et fort que les volontaires ne souffriraient pas. Ce qui semblait difficile, puisque ces terribles dentistes arrachaient les dents avec une tenaille ou une pince. Et le pauvre patient n'avait comme anesthésiant, dans le meilleur des cas, qu'un verre d'alcool. L'opération était donc, malgré les promesses, rarement indolore !

« Haut la main »

>> Avec aisance

Cette expression a été popularisée au sens propre dans le vocabulaire hippique du XVIe siècle, avant de se répandre au sens figuré dans le langage courant. Elle servait à désigner les cavaliers qui tenaient de manière ferme et haute la bride de leur monture. Dans cette attitude, ils montraient qu'ils maîtrisaient parfaitement leur cheval avec une autorité et une élégance naturelles. C'est à partir du XVIIe siècle que l'expression « haut la main » illustra l'aisance d'une personne menant une action avec une facilité comparable à celle d'un cavalier qui domine sa monture.

« En trois coups de cuillère à pot »

>> Facilement, rapidement

Les spécialistes de l'étymologie expliquent l'origine de cette expression de deux manières très différentes. Pour les uns, la « cuillère à pot » était une grosse louche qui permettait de vider rapidement et facilement les grandes marmites au Moyen Âge, sans perdre une goutte des précieux breuvages. Pour les autres, il s'agit du surnom donné au sabre d'abordage des marins à la fin du XVIIIe siècle. En effet, la partie qui protège la main de la lame adverse rappelait, par son aspect, cet ustensile culinaire. Utilisé aussi dans les duels, il permettait de régler le combat… en deux ou trois coups seulement !

« Être fier comme Artaban »

>> **Être très vaniteux**

Cette expression populaire doit son origine à un héros de la littérature du XVIIe siècle. Artaban était en effet un personnage important de *Cléopâtre*, roman historique de Gautier de La Calprenède (1610-1663), où il apparaissait d'une incroyable fierté. Nicolas Boileau (1636-1711) souligna dans une critique littéraire l'arrogance des héros de cet ouvrage et principalement celle d'Artaban. Le pauvre était hautain et suffisant, mais aussi très malchanceux! La postérité n'a retenu son nom que pour désigner un modèle de vanité imbécile. »

Écouter le chant des sirènes

>> Succomber à des apparences trompeuses

Cette expression fait allusion à un épisode célèbre du voyage d'Ulysse retracé dans *L'Odyssée* d'Homère, où le grand voyageur fut confronté au **redoutable chant des sirènes**. Installées sur la côte sud-ouest de l'Italie, ces créatures maléfiques avaient **l'habitude d'attirer par leurs mélodies** les marins de passage vers des récifs coupants où leurs bateaux venaient s'écraser. Avides de chair humaine, **elles dévoraient alors les naufragés**. Ulysse, pour résister à cette mortelle mélopée, eut l'idée de boucher les oreilles de ses marins avec de la cire et de leur demander de l'attacher au mât de son bateau, et c'est ainsi qu'il réussit à ne pas « écouter le chant des sirènes » !

Être sous l'égide de quelqu'un

>> Être sous la protection de quelqu'un

Le mot « égide » provient du grec ancien *aigis*, qui signifie « peau de chèvre ». Son utilisation dans cette expression a pour origine un épisode de la mythologie grecque. L'égide était en effet le bouclier de Zeus et il symbolisait sa puissance. Il l'avait fabriqué avec une peau de chèvre pour lutter contre les Titans. Sa fille Athéna, qui l'utilisait également, y ajouta la tête de la Gorgone qui changeait en pierre tous ceux qui regardaient l'égide. L'expression est apparue dès 1569 et signifie « être défendu ou protégé ».

N'avoir ni Dieu ni maître

>> Avoir un esprit libertaire

Cette expression fut le nom d'un journal fondé en 1880 par Auguste Blanqui, homme politique et théoricien socialiste français. Cette formule devient, dès la fin du XIXe siècle, la devise du mouvement anarchiste, puis désigne un esprit libre qui conteste les autorités spirituelles et temporelles. Elle réfute toute soumission à un maître, qu'il appartienne à l'appareil politique de l'État, au patronat ou à la hiérarchie religieuse. Elle ne signifie donc pas qu'il faut combattre les croyances spirituelles, mais plutôt ceux qui utilisent la religion pour contrôler la pensée des fidèles.

« Être médusé »

>> Être frappé de stupeur

Connue depuis 1606, cette expression, peu employée avant le XIXe siècle, provient de la divinité Méduse, l'une des trois Gorgones, terribles créatures malfaisantes de la mythologie grecque. Célèbre pour sa tête hérissée de serpents, Méduse changeait en pierre ceux qui osaient la regarder. Mais le héros Persée eut une idée de génie pour annihiler le terrible pouvoir de cette sombre créature. Il réussit à la tuer en se servant de son bouclier comme d'un miroir ! C'est également en référence à la chevelure de cette triste divinité que l'animal marin aux filaments tant redoutés a été appelé « méduse ».

Être soupe au lait

>> Être colérique

Forgée dans sa forme définitive au XIXe siècle, cette expression est la transformation d'une locution plus ancienne, « monter comme une soupe au lait », attestée au siècle précédent. Les deux expressions font référence au comportement bien connu du lait sur le feu. Calme au départ, cet étonnant liquide doit être surveillé de près car, dès qu'il arrive à ébullition, il peut déborder de la casserole en quelques instants. D'où la comparaison avec une personne dont l'humeur change très brutalement et qui se met soudainement en colère. Elle est alors hors d'elle, comme le lait est hors de son récipient.

« Damer le pion »

>> Vaincre, avoir un avantage

Attestée dès 1661, cette expression est née dans l'univers des joueurs de dames. Car il ne s'agit pas de « damner » le pion comme on le croit souvent, mais de le « damer ». En effet, une règle de ce jeu très populaire prévoit qu'un pion, la pièce de base ayant la plus petite valeur, se transforme en dame lorsqu'il parvient à la rangée de départ de son adversaire. Il est alors « damé » et c'est un avantage souvent décisif pour le joueur qui le possède. « Damer le pion » à quelqu'un, c'est donc l'emporter sur lui, le mettre en échec. »

Couper les cheveux en quatre

>> Être trop méticuleux

Cette expression est apparue pour la première fois au XVIIe siècle sous la forme « fendre un cheveu en quatre ». Le verbe a changé par la suite, mais le sens est resté le même : fendre ou couper un cheveu en quatre dans le sens de la longueur est un exercice bien difficile, voire perdu d'avance, et donc parfaitement inutile. Dans son chef-d'œuvre *À la recherche du temps perdu*, Marcel Proust emploie cette expression pour se moquer d'un peintre : « Vous m'aviez montré une œuvrette un peu tarabiscotée où vous coupiez les cheveux en quatre. » Le sens de l'expression reste aujourd'hui légèrement péjoratif, car être trop méticuleux amène souvent à une perte de temps.

Reprendre du poil de la bête

>> Se ressaisir

De nombreuses explications ont été données pour éclaircir l'origine de cette expression au parcours tumultueux. Autrefois, elle signifiait « recommencer son travail après des vacances » ou « se soigner après des excès de boisson ». Dans son sens actuel, l'expression serait née popularisé au moins depuis le XVIIe siècle, l'expression serait née d'une tradition populaire. Selon celle-ci, les personnes qui avaient été mordues par un animal avaient une chance de guérir plus vite en appliquant sur la blessure des poils de leur agresseur. Dans un sens figuré, l'expression signifie qu'après s'être laissé abattre il faut se ressaisir et aller de l'avant.

« Baisser les bras »

>> Abandonner par découragement

Cette expression est une double allusion au monde de la boxe. En effet, certains combattants des rings qui manquent de maîtrise technique ne gardent pas les bras suffisamment hauts pour protéger leur visage. Une bien mauvaise idée, car ils reçoivent souvent une volée de coups de leur adversaire, trop heureux de profiter de cette erreur de débutant! Parfois même, certains boxeurs épuisés choisissent volontairement d'abandonner avant de recevoir une correction. Pour montrer leur décision à l'arbitre, ils « baissent les bras » et mettent ainsi fin au combat.

« Vieux comme Mathusalem »

>> Très âgé

Cette expression biblique trouve son origine dans le livre de la Genèse (5,25-27) qui ouvre l'Ancien Testament. Mathusalem y est présenté comme l'un des grands patriarches du peuple juif. Son nom en hébreu « Methushela » signifie « celui qui a congédié la mort ». Il aurait en effet vécu de 3074 à 2105 av. J.-C., soit 969 ans ! Il dépassa ainsi son fils Lamech qui atteignit cependant l'âge vénérable de 777 ans ! Dans la Genèse, beaucoup d'autres patriarches dépassèrent les neuf siècles, mais Mathusalem battit tous les records, étant ainsi le symbole absolu de la longévité.

« Prendre la mouche »

>> S'énerver soudainement

Au XVIe siècle, une « mouche » désignait un souci, une pensée négative qui arrivait brusquement. Au siècle suivant, ce terme était plutôt utilisé comme surnom de nombreux insectes agaçants : l'abeille était la « mouche à miel », le scarabée, la « mouche cornue », et le taon était la « mouche aux bœufs ou aux chevaux ». « Prendre la mouche » fait sans doute référence à ce double sens : lorsqu'un taon pique un animal ou un homme pour se nourrir de son sang, ce dernier a généralement une réaction vive pour chasser l'intrus ainsi que des pensées négatives à son égard !

Se faire l'avocat du diable

>> Défendre une mauvaise cause

Curieusement, cette expression « diabolique » trouve son origine au Vatican, demeure du pape et temple du catholicisme. Dans la procédure de canonisation, par laquelle l'Église reconnaît un grand chrétien comme saint, un clerc était chargé de mettre en doute ses qualités. Le rôle ingrat de ce « promoteur de la foi » était donc d'essayer de trouver des défauts à des personnes qui, a priori, n'en avaient pas ! Une mission presque aussi impossible que d'être l'avocat de Lucifer. Le sens a ensuite évolué vers la défense des causes indéfendables ou qui semblent l'être.

« Être comme un coq en pâte »

>> Être choyé

Au Moyen Âge, on parlait de « coq de panier » ou de « coq de bagage » pour qualifier les rois de la basse-cour. En effet, les paysans les transportaient sur les marchés avec beaucoup de précautions. Il ne s'agissait pas de faire plaisir à l'animal, mais de lui conserver la valeur marchande la plus élevée possible en préservant son intégrité physique. Il était donc capital de prendre grand soin de lui. L'expression a évolué au XVIIe siècle avec le terme « pâte » qui fait référence à la pâtée qu'ils recevaient pour être engraissés.

Saler une note

>> Facturer trop cher

L'origine de cette expression populaire, encore largement employée de nos jours, est très ancienne. Le sel, qui relève la saveur des aliments, donc leur valeur, a donné naissance au terme « saler » qui était déjà en usage au XVIe siècle pour signifier qu'on attribuait beaucoup de valeur marchande à une chose. Au XVIIe siècle, Antoine Furetière donne dans son célèbre *Dictionnaire* la définition de « saler » : « estimer trop quelque chose qu'on veut vendre, en vouloir trop d'argent ».

Être un oiseau rare

>> Être une personne exceptionnelle

Les historiens de la langue ont retrouvé dès le XVe siècle l'usage d'une expression très proche en ancien français avec « oysel qui ne se troeve pas souvent », mais la forme actuelle de la locution n'est apparue qu'au XIXe siècle. Il pourrait s'agir d'une référence au Phénix, l'oiseau de la mythologie égyptienne qui incarnait le dieu du Soleil et qui était doté de propriétés fabuleuses. En effet, la légende voulait que ce curieux volatile renaisse chaque fois de ses cendres. Ce qui, reconnaissons-le, est assez exceptionnel !

Nettoyer les écuries d'Augias

>> Faire rapidement un travail immense

Comme de nombreuses autres, cette expression est issue de la mythologie grecque. Elle fait référence au nettoyage des écuries d'Augias, le neuvième des douze travaux d'Hercule. En effet, il avait été demandé au héros de nettoyer en une seule journée les écuries d'Augias, roi de la province grecque d'Élide. Or ces écuries où vivaient des milliers de bêtes étaient dans un état de saleté déplorable. Elles n'avaient même jamais été lavées depuis une trentaine d'années ! Pour réaliser cet exploit, Hercule détourna le cours des deux fleuves les plus proches, Alphée et Pénée, afin que leurs eaux traversent les écuries et les rendent parfaitement propres !

Se faire coiffer sur le poteau

>> Perdre au dernier moment

Cette expression qui semble liée au monde de la coiffure est née en réalité dans le milieu des courses hippiques. En effet, au milieu du XIXe siècle, les lignes d'arrivée des hippodromes étaient matérialisées par des poteaux blancs. Lorsqu'un cheval gagnait d'une encolure, sa crinière arrivait au niveau du poteau juste avant celle de son adversaire : il dépassait d'une tête son adversaire et le « coiffait » donc à la toute fin de la course. L'expression est désormais utilisée dans tous les domaines : ainsi, dans le milieu des affaires ou en politique, une personne qui est dépassée par son adversaire au dernier moment est « coiffée sur le poteau ».

« Tirer le bon numéro »

>> Avoir de la chance

Populaire dès le XIXe siècle, cette expression fait allusion à une ancienne coutume liée au service militaire. Jusqu'à la fin du XVIIIe siècle, celui-ci n'était pas obligatoire : chaque homme âgé de 18 à 40 ans pouvait être appelé en cas de guerre, mais il lui était possible de se faire remplacer par quelqu'un qu'il rémunérait. Ainsi, seuls les plus riches pouvaient espérer rester en vie. Pour rendre les choses plus démocratiques, un système de tirage au sort fut mis en œuvre entre 1798 et 1905. « Tirer le bon numéro » permettait ainsi d'éviter le départ puisque l'on était exempté du service militaire.

Être trempé comme une soupe

>> Être complètement mouillé

Cette expression permet de plonger dans l'évolution du mot « soupe » à travers les siècles. À l'origine, ce terme qualifiait une tranche de pain que l'on arrosait de bouillon avant de la dévorer. Puis, au XIVe siècle, le sens a évolué pour désigner l'ensemble du bouillon, épaissi par du pain ou des légumes. Mais l'expression doit aujourd'hui être comprise en référence au sens premier du mot « soupe », c'est-à-dire celui de « tranche de pain ». Ainsi, « être trempé comme une soupe » signifie « être entièrement mouillé », comme le pain plongé dans du bouillon.

« Faire du potin »

>> Faire du bruit

Cette expression est formée à partir du mot « potine » qui, au XVIIe siècle en Normandie, désignait un petit pot de terre cuite permettant de se chauffer les pieds. Quand les femmes se réunissaient en hiver pour discuter des problèmes du village ou pour tricoter, chacune apportait sa potine pour bien réchauffer la pièce. Le verbe « potiner » a ainsi été créé. Le sens du mot « potin » a ensuite évolué pour signifier « commérages » ou « ragots » quand le mot est employé seul et « bruit » dans l'expression « faire du potin ».

Perdre les pédales

>> S'affoler ou devenir fou

Cette expression amusante, popularisée au milieu du XXe siècle avec le développement des vélos et des automobiles, évoque la perte angoissante du contrôle de son véhicule. À vélo, la situation est problématique mais en voiture, elle peut se révéler dramatique ! Quand on ne sait plus quelle est la pédale du frein et quelle est celle de l'accélérateur, on met les autres et soi-même en danger. Au fil des ans, la signification de l'expression a évolué. De « perdre le contrôle de la situation », « perdre les pédales » a vite pris le sens de « ne plus rien comprendre », voire de « perdre la tête ».

Être sous la férule d'une personne

>> Être sous l'autorité de quelqu'un

Le mot « férule » vient tout droit de l'Antiquité romaine. En latin, *ferula* désignait une plante dont on utilisait la tige pour fabriquer divers objets tels que la férule, sorte de règle en bois avec laquelle les professeurs romains tapaient sur les doigts de leurs élèves pour les corriger. Au XVIIe siècle, « être sous la férule de quelqu'un » était une expression déjà connue et, un siècle plus tard, elle sera employée fréquemment par des auteurs comme Denis Diderot pour décrire une personne qui se trouve sous l'autorité brutale d'un autre individu.

« En bataille »

>> En désordre

Dès le XIXe siècle, cette expression a été utilisée dans le monde militaire. À l'origine, « se mettre en bataille » signifiait « se préparer pour aller au combat ». Lorsqu'ils entendaient « en bataille ! », les militaires devaient se déployer pour affronter l'ennemi. En dehors de l'armée, on disait aussi d'un chapeau qu'il était « mis en bataille » quand il était retourné pour mieux protéger le front. L'expression impliquait donc l'idée de changement de l'ordre normal des choses : le chapeau n'est plus dans sa position, la troupe passe de l'état de paix à l'état de guerre. Aujourd'hui, le sens a évolué et n'évoque plus que le désordre. »

« La cour des miracles »

>> Un lieu pittoresque ou mal famé

L'expression n'a rien à voir avec un épisode de la vie du Christ. Elle désignait au Moyen Âge les cours du vieux Paris où se réunissaient des mendiants la nuit, n'ayant pas d'autre endroit où dormir. Pendant la journée, ils se rendaient dans les beaux quartiers et simulaient une infirmité pour apitoyer les bourgeois, afin que ceux-ci leur donnent l'aumône. Le soir venu, ils rentraient chez eux, miraculeusement guéris ! Aujourd'hui, on appelle « cour des miracles » un lieu mal fréquenté où l'on ose à peine s'aventurer, mais aussi un endroit qui offre tout ce que l'on désire ou tout ce qui peut exister.

« Tête de Turc »

>> Victime de brimades permanentes

Cette expression populaire fait allusion à une attraction des stands de foire, très en vogue au XIXe siècle. En frappant avec une grosse massue sur un dynamomètre, les visiteurs pouvaient s'amuser à mesurer leur force. À cette époque, la partie frappée représentait souvent une tête ornée d'un turban. Pourquoi ce choix ? Parce que, depuis plusieurs siècles, l'Empire ottoman régnait jusque dans les Balkans et symbolisait pour l'Occident le mal absolu. Ses soldats étaient particulièrement craints et leur religion musulmane était rejetée par l'Europe chrétienne.

S'en aller en eau de boudin

>> Mal tourner

Déjà connue au XVIe siècle, cette expression a donné lieu à des explications fantaisistes. Certains pensent qu'il s'agit de l'eau dans laquelle on lave les boyaux qui servent à faire les boudins. Pour d'autres, ce serait une déformation d'« os de boudin ». Le boudin n'ayant pas d'os, l'expression signifierait « s'en aller en rien du tout ». Une dernière explication rappelle que, au XVIe siècle, le mot « boudin » servait à qualifier en argot le sexe masculin, et que sa racine « bod » désignait le ventre (comme dans « bedaine »). L'expression serait alors une allusion à la colique, l'« eau sale du corps ».

Ne pas y aller avec le dos de la cuillère

>> Y aller franchement

Déjà connue au début du XXe siècle, cette expression a été employée par Marcel Proust dans son œuvre *À la recherche du temps perdu*. Formée d'une image très banale, elle est particulièrement évocatrice. On peut en effet imaginer que, lorsqu'une personne utilise sa cuillère dans le mauvais sens pour manger de la soupe ou un yaourt, son efficacité est quasi nulle. À l'inverse, celui qui ne fait pas les choses avec le dos de la cuillère peut se régaler et engloutir en quelques secondes son plat ou son dessert. Par analogie, dans les situations de la vie courante, l'expression « ne pas y aller avec le dos de la cuillère » signifie « y aller franchement, sans aucune retenue ».

« Sans crier gare

>> Sans prévenir

Cette expression est issue de la locution plus ancienne « sans dire gare », attestée depuis le XVe siècle et encore en usage quatre siècles plus tard. Le mot « gare » était alors un impératif du verbe « garder » qui invitait à prendre garde, à se protéger, comme dans « gare au loup ». Cette expression a aussi pris le sens très voisin de « se garer », c'est-à-dire se ranger pour se mettre à l'abri comme l'on gare une voiture. Enfin, le fait de « ne pas crier gare », donc de ne pas prévenir, a donné à l'expression le sens de « à l'improviste ». Quelqu'un qui arrive « sans crier gare » ne prévient pas de sa venue. »

Jouer du pipeau

>> Mentir

Dans cette expression amusante, le « pipeau » n'est pas la flûte préférée des musiciens provençaux mais, par un curieux glissement de langage, un appeau. Ce petit instrument est plus souvent utilisé par les chasseurs que par les musiciens car son seul intérêt est d'attirer les oiseaux en imitant leur chant ou leur cri. Un parfait leurre sonore ! « Jouer du pipeau », c'est donc mentir volontairement dans le seul but de séduire. Un talent qui peut être bien intéressant si on le manipule avec brio pour amadouer ses amis, sa famille ou son employeur, par exemple !

Passer sous les fourches Caudines

>> Être humilié

Utilisée par Saint-Simon dès le XVIIe siècle, cette expression fut d'abord liée à l'univers militaire avant de se généraliser au XIXe siècle. Elle doit son origine à un épisode des guerres entre les Romains et les Samnites. Les fourches Caudines étaient une gorge du sud de l'Italie dans laquelle un général samnite avait attiré les soldats de Rome, en 321 av. J.-C. Incapables de sortir de ce piège, les Romains furent obligés, courbés et les mains liées dans le dos, de passer sous un joug formé de fourches et de lances dressées par leurs vainqueurs. Une telle humiliation qu'on en parle encore deux mille ans plus tard !

Mener une vie de bohème

>> Vivre sans penser au lendemain

Au XVe siècle, un peuple voyageur venu d'Inde s'installe en Bohême (actuelle République tchèque), en plein cœur de l'Europe. Ses membres prennent alors le nom de « Bohémiens », même s'ils continuent de parcourir le continent en long et en large. Pour se déplacer, ils vivent dans des roulottes, de manière assez inconfortable et marginale. Depuis le XVIIe siècle, on dit d'une personne qu'elle mène « une vie de bohème » lorsqu'elle semble vivre en dehors des règles traditionnelles de la vie en société.

« Se retirer sous sa tente »

>> S'isoler par dépit ou par colère

Cette expression fait référence à un épisode de la mythologie retracé par Homère dans *L'Iliade*. Au moment de la guerre de Troie, le héros grec Achille entre dans une violente colère car Agamemnon, le roi des rois, lui a enlevé sa compagne, la belle Briséis. Dépité, il se retire sous sa tente et abandonne le combat, affaiblissant ainsi fortement l'armée grecque dont il est l'un des chefs. Seule la mort de son ami Patrocle lui fait reprendre les armes : il sort alors de sa tente et, galvanisé par la douleur, parvient avec son armée à conquérir Troie. »

Glacer le sang dans les veines

>> Terrifier

Cette expression a été utilisée dès 1677 par le grand dramaturge Racine, dans sa pièce *Phèdre*. Nourrice et confidente de l'héroïne, Œnone l'emploie pour montrer sa terreur : « Juste ciel ! Tout mon sang dans mes veines se glace ! Ô désespoir ! Ô crime ! Ô déplorable race ! » Le symbole du sang qui se fige dans les veines implique l'idée que, pétrifié d'effroi, on ne puisse plus bouger. Aujourd'hui encore, dire que quelque chose nous « glace le sang dans les veines » revient à dire que celle-ci nous terrifie.

« Jouer les Cassandre »

>> Faire des prédictions négatives

Cette expression doit son origine à une héroïne malheureuse de la mythologie grecque. Fille de Priam, Cassandre la Troyenne avait le don de prédiction. Mais Apollon, pour la punir de ne pas l'aimer, la condamna à ne jamais être crue. Elle avait ainsi prédit tous les malheurs que son peuple devrait endurer lors de la guerre de Troie, comme le piège du cheval en bois, mais personne ne l'écouta. Plus tard, elle supplia son amant le roi Agamemnon, roi de Mycènes, de ne pas rentrer chez lui car elle perçut la colère de sa femme, Clytemnestre. Il ne l'écouta pas et ils furent tués tous les deux par l'épouse bafouée.

Sortir de la cuisse de Jupiter

>> Se prendre pour quelqu'un d'exceptionnel

Cette expression trouve sa source dans l'extraordinaire richesse de la mythologie grecque. Poussée par Héra, la femme jalouse de Jupiter, l'inconsciente Sémélé avait demandé au dieu des dieux des preuves de sa puissance. Jupiter surgit alors au milieu d'éclairs et foudroya sa jeune maîtresse enceinte, qui en mourut. Le dieu eut le temps de prendre l'enfant qu'elle portait en elle et le recueillit dans sa propre cuisse pour le protéger. Il naquit trois mois plus tard et devint le dieu Bacchus. L'expression s'applique donc à ceux qui se prennent pour des gens aussi exceptionnels que Bacchus, l'enfant du dieu des dieux à l'incroyable naissance.

Aller au diable vauvert

>> Partir au loin

Associant le nom « vauvert », qui signifie « vert vallon », et la locution « au diable » qui, au XVe siècle, signifiait « très loin », cette expression a déchaîné l'imagination des linguistes dès son apparition au XIXe siècle. Pour certains, elle était liée au château de Vauvert, situé à Gentilly, près de Paris. Pour d'autres, elle faisait référence à l'abbaye de Vauvert, dans le sud de la capitale. Ces deux lieux, considérés comme éloignés de Paris à l'époque, avaient suscité de nombreuses légendes. Ils étaient également réputés être des lieux de perdition, peuplés de diables et de brigands de grand chemin.

« Être dans de beaux draps »

>> Être dans une mauvaise situation

Cette expression, connue dès le XVIe siècle sous la forme « être dans de beaux draps blancs », a toujours eu une connotation négative. Mais que signifiaient les « draps blancs » ? À cette époque, les draps ne désignaient pas les tissus qui recouvrent nos lits, mais les vêtements. Et le blanc était la couleur de la pénitence. Ainsi, les personnes qui avaient commis certaines fautes, comme l'adultère, devaient assister à la messe habillées de blanc. Elles se trouvaient alors dans une situation très inconfortable ! Si l'adjectif « blanc » a disparu de l'expression à la fin du XVIIe siècle, celle-ci a toujours conservé son sens péjoratif.

Copains comme cochons

>> Très bons amis

Seriez-vous ami avec un cochon ? Avez-vous déjà vu deux porcs lier une amitié indéfectible que rien ne saurait menacer ? Non ? C'est normal, car cette expression n'a rien à voir avec ces mammifères malodorants. Le mot « cochon » est, ici, une déformation du mot « soçon » qui signifiait, au Moyen Âge, « camarade » ou « associé ». Au XVIe siècle, on disait déjà « camarades comme cochons », puis le mot « camarades » a été remplacé par « amis » à la fin du XVIIIe siècle et enfin par « copains » à partir du XIXe.

« Ronger son frein »

>> Refouler son impatience

Dans cette expression employée depuis le XIVe siècle, le terme « frein » n'a aucun rapport avec le monde des automobiles ni même avec celui des vélos. Il désigne en effet une partie du mors, la pièce de harnachement placée dans la bouche du cheval. Relié aux rênes, le frein permet de diriger l'animal et de régler son allure. Quand il est au repos, le cheval donne l'impression de le ronger ou de le mordre. C'est sa manière d'extérioriser son impatience et de canaliser sa fougue.

Se reposer sur ses lauriers

>> Se contenter d'un premier succès

Employée depuis le XIXe siècle, cette expression est une allusion aux couronnes de laurier tressées, offertes dans l'Antiquité grecque aux héros et aux poètes. Chez les Romains, elle était portée par les empereurs et offerte aux généraux après leurs plus grandes victoires. Cette expression existait dans un sens positif au XVIIe siècle avec la forme « se reposer à l'ombre de ses lauriers ». Elle signifiait « jouir d'un repos légitime après un succès ». Mais seul le sens négatif a été conservé pour se moquer des héros d'un jour qui jouissent d'une bonne réputation, mais ne poursuivent pas leurs efforts.

Crever la dalle

>> Avoir très faim

Le sens du terme « dalle » a beaucoup évolué à travers les âges. Au XIVe siècle, il désigne une sorte de gouttière. Mais, dès le siècle suivant, la « dalle » revêt un sens figuré et signifie désormais la « gorge ». Le gosier est même appelé la « dalle du cou ». D'autres expressions apparaissent alors, comme « se rincer la dalle », qui signifie « boire », ou encore « avoir la dalle en pente », utilisée pour caractériser les gros buveurs ! Vers la fin du XIXe siècle naît enfin l'expression « avoir la dalle », qui signifie « avoir un gros appétit ». Cette dernière expression, croisée avec l'expression « crever de faim », donne progressivement lieu à une nouvelle tournure, « crever la dalle », employée aujourd'hui pour dire que l'on a très faim.

« Avoir carte blanche »

>> Avoir la libre initiative

Cette locution, qui existe depuis le milieu du XVe siècle, n'a rien à voir avec le monde des jeux, car la carte dont il s'agit ici ne sert pas à jouer mais à écrire. L'expression « donner carte blanche à quelqu'un », issue du vocabulaire militaire, signifiait « le laisser dicter ses conditions ». On donnait ainsi à l'ennemi une grande feuille de papier vierge sur laquelle il pouvait écrire ses exigences. « Carte blanche » est attestée avec cette signification depuis 1451. L'expression a pris le sens de « donner les pleins pouvoirs » au XVIIe siècle avant de prendre son sens actuel, plus mesuré.

« Avoir un violon d'Ingres »

>> Avoir un passe-temps

Popularisée au XXe siècle, cette expression doit son origine au peintre Jean Auguste Dominique Ingres (1780-1867), dont la passion pour le violon et la musique était célèbre. Il aimait particulièrement les compositeurs Haydn, Mozart, Beethoven et Gluck et faisait partie de formations musicales de bon niveau. L'expression « avoir un violon d'Ingres » était à l'origine employée exclusivement pour les activités artistiques. Aujourd'hui, elle s'utilise dans un sens plus large pour toutes les activités auxquelles on se consacre en dehors de sa profession, pour se distraire ou pour assouvir une passion.

Être habillé comme l'as de pique

>> Être mal habillé

Atout majeur aujourd'hui, l'as avait au XIIe siècle une valeur négative car, à cette époque où les jeux de dés étaient plus populaires que ceux de cartes, l'as valait le plus petit nombre de points. Dès le XVIIe siècle, l'as de pique sert à désigner un personnage ridicule ou mal bâti, en particulier dans les comédies. Au XIXe siècle, la référence à l'as de pique devient encore plus péjorative, car la figure dessinée sur la carte rappelait à certains le croupion d'une volaille… qui, il est vrai, n'est pas facile à habiller avec élégance !

Ne pas faire de quartier

>> Être impitoyable

Sous l'Ancien Régime, les « quartiers » étaient des cantonnements où les soldats étaient en sécurité et pouvaient se reposer. Au XVIIe siècle, le sens de ce mot a évolué pour désigner un lieu où l'on était bien traité. L'expression proche « demander quartier », connue depuis 1673, signifiait alors « demander grâce », car le « quartier » était une mesure qui permettait de laisser la vie sauve à un prisonnier. L'idée est restée, mais seule la forme négative a subsisté. Une personne qui ne « fait pas de quartier » est donc quelqu'un d'impitoyable qui ne fait preuve d'aucune indulgence !

« Être un cerbère »

>> Être un gardien impitoyable

Cette expression a été forgée en référence au terrible monstre qui, dans la mythologie grecque et romaine, gardait l'entrée des Enfers pour empêcher les âmes des défunts d'en ressortir. Le cerbère, ce molosse à trois têtes, avait de quoi inquiéter : une fourrure hérissée de serpents, des crocs tranchants et une queue dotée d'un poison mortel. Cette apparence horrible n'a pas empêché Hercule de l'affronter sans aucune arme et de le domestiquer. Aujourd'hui, on qualifie de manière péjorative de « cerbère » non seulement un gardien intraitable, mais aussi une personne hargneuse et méchante.

Ouvrir la boîte de Pandore

>> Être à l'origine de nombreux malheurs

Cette expression est une allusion à un épisode de la mythologie grecque dont l'héroïne est Pandore, la première femme de l'humanité. Créée par Héphaïstos, elle est envoyée sur Terre par Zeus pour se venger des hommes. Les dieux de l'Olympe confient à la jeune femme une jarre (transformée en « boîte » dans l'expression), mais elle ne doit en aucun cas regarder à l'intérieur. Malheureusement, Pandore, trop curieuse, ouvre la jarre d'où s'échappent alors tous les malheurs dont les hommes auront à souffrir. Comme pour Ève, et de manière aussi misogyne, la femme est à l'origine des maux de l'humanité.

En son for intérieur

>> Au fond de soi-même

Connue au moins depuis le XVIIe siècle, cette expression trouve son origine au cœur de l'Antiquité romaine. En effet, le mot ici n'a aucun rapport avec les forteresses, mais provient du mot latin *forum*. Ce terme désignait la place publique, le marché, mais aussi la juridiction, car c'est en ce lieu que se tenaient les assemblées du peuple et qu'étaient réglées les affaires de la cité. À l'opposé, le « for intérieur » est donc le lieu où se règlent les affaires intimes de chacun, à travers le seul jugement de sa conscience.

« Raconter des salades »

>> Raconter une histoire inventée

Cette expression familière née au XIXe siècle fait référence aux salades des cuisinières, savants mariages d'ingrédients divers, mélanges faciles à préparer et agréables à déguster. De la même manière, lorsqu'une personne sans scrupules veut faire « avaler » un mensonge, il lui suffit de mélanger un peu d'humour, d'anecdotes séduisantes, un peu de vrai et beaucoup de faux, puis d'assaisonner le tout avec un ton convaincant pour être crue. Même s'il faut user d'un certain talent pour faire avaler les plus grosses salades !

Être changé en statue de sel

>> Rester figé

Cette expression trouve son origine dans la Genèse (19,15-26), premier livre de l'Ancien Testament. Dans l'un des textes, Sodome est décrite comme une ville de luxure et de débauche. Pour punir ses habitants, Dieu décida de détruire cette cité, mais il épargna Lot, le neveu d'Abraham, qui était un homme bon. Les anges avertirent celui-ci et lui demandèrent de quitter la ville avec sa famille. Mais il y avait une condition à cette protection : ils ne devaient pas se retourner. Malheureusement, la femme de Lot ne put résister. Elle fut instantanément changée en statue de sel pour avoir désobéi.

Casser du sucre sur le dos de quelqu'un

>> Critiquer quelqu'un

Malgré de nombreuses hypothèses complexes proposées par les linguistes, cette expression, connue depuis 1868, n'a pas une origine très claire. Une chose est cependant certaine : en argot, le verbe « sucrer » signifie « maltraiter » ou « se moquer ». Par ailleurs, on a utilisé dès le XVIIe siècle l'expression « se sucrer de quelqu'un » pour dire « le prendre pour un idiot ». Cette connotation péjorative est renforcée dans l'expression actuelle par le terme « casser », qui montre bien la notion de démolition, de destruction, ici figurée puisqu'il ne s'agit heureusement que de mots.

« Être un béotien

›› Être profane, ignorant

Cette expression, dont on ignore la date d'apparition, doit son origine aux habitants de la Béotie, une région de la Grèce antique au temps de l'hégémonie athénienne. Légitimement fiers de leur culture, de leur philosophie et de leur système politique, certains Athéniens étaient orgueilleux et parfois même méprisants. Ils se moquaient ouvertement des Béotiens, alliés de leurs ennemis spartiates, qu'ils jugeaient rustres et d'une piètre intelligence. La Béotie est pourtant la région d'origine de l'écrivain Plutarque et des poètes Hésiode et Pindare, mais cela ne changea pas l'avis des Athéniens, dont la brillante civilisation influence encore notre société. »

13 MAI Ste Rolande

« Être marron »

>> Être dupé

Cette expression est formée de l'adjectif « marron », lui-même issu du mot *« cimarron »*, terme des Caraïbes espagnoles qui signifiait « sauvage ». Au milieu du XVIIe siècle, cet adjectif qualifiait un animal domestique retourné à l'état de nature. Puis, vers 1660, les colons ont détourné son sens premier pour désigner, de façon péjorative, un esclave noir qui s'était enfui pour recouvrer sa liberté. Et comme malheureusement l'esclave était souvent rattrapé et châtié, l'expression « être marron » a pris, au XIXe siècle, le sens d'« être attrapé » ou « eu », puis, avec le glissement péjoratif, « être bien eu » et « être dupé ».

« Graisser la patte »

>> Corrompre

D'abord connue sous la forme proche de « oindre la patte » au XIVe siècle, cette expression doit son origine à une habitude de la grande foire au jambon qui se tenait au Moyen Âge sur le parvis de Notre-Dame de Paris. En vertu d'un édit royal, l'Église percevait une taxe sur chaque transaction. Ces dernières étaient donc surveillées de très près par des contrôleurs. Or certains d'entre eux, peu honnêtes, acceptaient de fermer les yeux en échange d'un morceau de lard que leur offraient les marchands pour s'attirer leurs bonnes grâces. Ils avaient alors, au sens propre, la patte graissée !

« Avoir un cœur d'artichaut »

>> Avoir un cœur inconstant

Cette expression, dont la date d'apparition n'est pas connue, vient probablement du dicton « cœur d'artichaut, une feuille pour tout le monde ». En effet, ce légume vivace, qui prolifère en Bretagne, a une partie centrale formée de nombreuses feuilles qui se détachent une à une. Une personne qui « a un cœur d'artichaut » peut donc donner sans discernement plusieurs fois son amour, voire, pour certains particulièrement volages, à autant de personnes qu'il y a de feuilles dans un artichaut !

Tomber dans les bras de Morphée

>> S'endormir

Cette expression fait référence à un personnage méconnu de la mythologie grecque. En effet, contrairement à ce que beaucoup pensent, Morphée n'est pas une séduisante jeune femme mais bien un homme, le fils d'Hypnos, dieu du Sommeil, et de Nyx, déesse de la Nuit ! Représenté avec des ailes de papillon, Morphée endort les mortels en les effleurant d'une simple feuille de pavot. Par le même geste, il suscite aussi les rêves dans lesquels il peut apparaître à sa guise, car il prend la forme du personnage de son choix.

« À brûle-pourpoint »

>> Très rapidement et de manière un peu surprenante

Du XIIIe au XVIIe siècle, le pourpoint était la partie de l'habillement masculin qui couvrait le corps depuis le cou jusqu'au-dessous de la ceinture. Pendant les batailles, il arrivait que l'un des combattants tire à bout portant au pistolet sur son adversaire lors des assauts. Or, quand le canon de l'arme était directement en contact avec l'habit, celui-ci pouvait s'enflammer avec la poudre qui s'échappait du pistolet. La personne était donc blessée par la balle et son pourpoint, brûlé par la poudre. C'est pourquoi on dit d'une question surprenante et inattendue qu'elle est « à brûle-pourpoint ».

De l'huile de coude

>> De l'énergie

Vers la fin du XIXe siècle, la révolution industrielle a déjà disséminé ses usines et ses machines dans l'Europe entière. Et influencé le vocabulaire courant. C'est en effet à cette époque que sont apparues les expressions « huile de bras » ou « huile de poignet », qui ont disparu depuis, mais aussi « huile de coude » qui est encore employée de nos jours. Cette expression, utilisée par Émile Zola dans *L'Assommoir* (1877), compare les articulations humaines aux mécanismes des machines qui doivent être huilés pour fonctionner correctement. Utiliser « de l'huile de coude » signifie que l'on se sert de ses mains ou de ses bras avec énergie.

Mettre de l'eau dans son vin

>> Être plus modéré

Cette expression médiévale est née à une époque où il était fréquent d'allonger le vin avec de l'eau. C'était une manière de rendre la boisson moins enivrante et plus désaltérante. Dès le milieu du XVIe siècle, l'expression a pris un sens figuré pour signifier « modérer ses ambitions, ce que l'on dit ». En 1636, Fleury de Bellingen donne déjà cette définition : « modérer ses passions comme la chaleur excessive du vin est tempérée par le meslange de l'eau ». Aujourd'hui, elle ne concerne plus les passions mais ses exigences ou ses prétentions, qu'il faut revoir à la baisse.

Rendre la monnaie de sa pièce

>> Se venger

Deux hypothèses ont été formulées pour expliquer l'origine de cette expression. Elle pourrait être une référence à la loi du talion mise en œuvre vers 1750 av. J.-C. à la cour d'Hammourabi, roi de Babylone. Elle affirmait que chaque fois que l'on subissait un préjudice, on avait le droit de se venger dans la même proportion. Mais cette expression pourrait aussi provenir des batailles navales, au temps de la marine à voile de l'Ancien Régime : les marins introduisaient parfois une pièce à l'effigie du roi dans la poudre du canon. Quand le boulet était envoyé, on se vengeait des tirs des ennemis en leur rendant la « pièce » !

Montrer patte blanche

>> Donner un signe de reconnaissance

Cette expression est née sous la plume de Jean de La Fontaine dans sa fable *Le Loup, la chèvre et le chevreau*. Dans ce récit, la chèvre demande à son biquet de n'ouvrir la porte qu'à ceux qui connaissent le mot de passe. Un loup, qui a entendu la conversation, tente de pénétrer dans l'étable en changeant de voix pour imiter la chèvre. Il prononce le code secret, mais le petit biquet se montre plus malin. Il demande à son visiteur de montrer sa patte blanche pour prouver son identité. Impossible pour un loup ! Ainsi, comme l'écrit Jean de La Fontaine, « deux sûretés valent mieux qu'une » !

« Piquer un fard »

>> Rougir soudainement

Utilisée depuis la seconde moitié du XIXe siècle, cette expression comporte un terme beaucoup plus ancien. En effet, le mot « fard » est apparu au XIIIe siècle et il désignait déjà le maquillage utilisé pour dissimuler un défaut physique, pour s'embellir ou pour donner plus d'éclat à son visage. L'expression est née de la moquerie des personnes qui rougissent, leur peau se teintant alors d'une couleur proche de celle du maquillage. Quant au verbe « piquer », il ne signifie pas ici « voler », ni « percer avec une aiguille » mais plutôt faire quelque chose avec une certaine brusquerie, comme dans l'expression « piquer une colère ».

Pleurer comme une madeleine

>> Pleurer abondamment

Cette expression trouve son origine dans un célèbre épisode de la Bible. Dans le Nouveau Testament, l'évangéliste Luc raconte la rencontre entre Jésus de Nazareth et Marie Madeleine, une ancienne prostituée. Elle lui confesse ses péchés et se prosterne en larmes aux pieds du Christ, qui lui pardonne. Devenue sa plus fidèle disciple, elle pleurera aussi après la crucifixion de Jésus, jusqu'au moment où il apparaîtra pour lui annoncer sa résurrection. Au XIIIe siècle, on disait aussi « faire la madeleine » pour exprimer le fait de montrer son repentir.

« Décrocher la timbale »

>> Gagner le gros lot, parvenir à ses fins

Apparue pour la première fois en 1877, cette expression fait référence aux jeux organisés autrefois dans les fêtes de campagne. L'un des plus populaires était le mât de cocagne, un immense pieu dont il fallait atteindre le sommet à la force des bras pour y décrocher les cadeaux qui y étaient placés. Parfois, ces lots étaient remplacés par une timbale d'argent que l'on échangeait ensuite contre un prix. Aujourd'hui, l'expression « décrocher la timbale » est employée dans un sens figuré pour dire que l'on est « parvenu à ses fins ».

« Faire devenir chèvre »

>> Faire enrager

Comme les chevaux, les chèvres ont été utilisées de nombreuses fois pour former des expressions à l'époque où ces animaux étaient très nombreux dans les campagnes. L'expression « faire devenir chèvre » a évolué dans sa forme au fil du temps. À l'origine, au XVIe siècle, elle était en effet connue sous la tournure « prendre la chèvre ». Mais son sens n'a guère changé et s'explique par l'attitude de cet animal, capable de se mettre en colère de manière brusque et violente. Autrefois, le verbe « chevreter », employé notamment dans les œuvres de Rabelais, était même synonyme de « se mettre en colère ».

« Se faire limoger »

>> Se faire licencier

Cette expression est née au début de la Première Guerre mondiale. En 1914, les Allemands, arrivés aux portes de Paris, sont repoussés par le général Joffre. C'est bientôt le temps de la guerre des tranchées et l'armée doit s'adapter à un conflit qui menace d'être long. Joffre remplace par des chefs énergiques une centaine d'officiers généraux qu'il juge incompétents. Il assigne à résidence ces « bannis » dans la région de Limoges pour les éloigner du front. Très vite, « se faire limoger », c'est-à-dire « se faire envoyer à Limoges », entre dans le langage courant pour désigner le fait d'être renvoyé.

Prendre la poudre d'escampette

>> S'enfuir

Cette expression date du XVIIe siècle et provient du mot « escampe » qui, à l'époque, désignait la fuite. Selon les historiens, il serait lui-même issu du verbe occitan *escamper*, connu dès le XIVe siècle dans le vocabulaire argotique et qui signifiait « se sauver » ou « s'enfuir ». En revanche, les linguistes s'interrogent encore sur le mot « poudre » : nul ne sait s'il s'agit de celle qui fait fuir lorsqu'elle explose ou bien de la poussière du chemin soulevée par la course du fuyard.

Chercher midi à quatorze heures

>> Compliquer les choses

Au XVIe siècle, on employait l'expression « chercher midi à onze heures » avant qu'elle évolue dans sa forme actuelle, un siècle plus tard. Elle eut un tel succès qu'on nomma un ballet, dansé au Louvre en 1620, le *Ballet des chercheurs de midi à quatorze heures*. En réalité, ce qui est important dans l'expression est le terme « midi ». En effet, cette heure a été choisie car elle est la plus facile à repérer : le soleil est au zénith, la faim tenaille l'estomac. C'est aussi la frontière évidente entre le matin et l'après-midi. Chercher midi à une autre heure, c'est donc véritablement compliquer les choses !

« Être une éminence grise »

21 MAI St Constantin

›› Être un influent conseiller de l'ombre

Cette expression a été forgée en l'honneur du principal conseiller du cardinal de Richelieu, François Joseph du Tremblay (1577-1638), mieux connu sous le nom de père Joseph. Véritable ministre des Affaires étrangères sans en porter le titre, ce moine capucin joua un grand rôle dans la vie politique française de son temps tout en restant dans l'ombre du cardinal. Son surnom d'« Éminence », c'est-à-dire haut dignitaire religieux, complété par l'adjectif « gris », qui rappelle à la fois sa discrétion et la couleur de sa robe de moine, désigne aujourd'hui les personnes de l'ombre mais néanmoins influentes.

11 AOÛT Ste Claire

« C'est du billard »

>> C'est très facile

Selon les historiens du langage, cette expression est née dans les tranchées au cours des derniers mois de la Première Guerre mondiale. Elle qualifiait **les courses des soldats** sur terrain plat quand ils parvenaient au but sans essuyer le feu des ennemis, en référence à la boule qui roule **sans rencontrer d'obstacle** sur le tapis en feutre des billards. Juste après la guerre, l'expression est devenue populaire dans le milieu cycliste. Elle **caractérisait les actions d'éclat** des grands champions qui filaient en tête sans jamais rencontrer d'opposition véritable. C'est par la suite, au milieu du XXe siècle, qu'elle est entrée dans le langage courant. »

Prendre ombrage

>> Être jaloux ou inquiet

Cette expression est construite autour du mot « ombrage » qui désigne à la fois les feuilles des arbres donnant de l'ombre et l'ombre elle-même. À partir du XVIe siècle, elle est employée pour montrer **la défiance et la crainte** de certains animaux, apeurés par les mouvements des branches et par les zones trop sombres. L'expression actuelle, qui date du XIXe siècle, a **conservé la notion d'inquiétude** tout en gagnant une petite nuance de jalousie. Ce qui n'est guère surprenant, puisque les personnes jalouses sont par nature inquiètes !

Monter sur ses grands chevaux

>> S'emporter, s'énerver rapidement

Au Moyen Âge, les chevaux utilisés lors des batailles étaient choisis parmi les étalons les plus hauts sur pattes, afin qu'ils puissent dominer plus facilement leurs adversaires au combat. Sur ces redoutables destriers, les soldats de la cavalerie se battaient avec fureur pour défendre leur pays ou leur seigneur. Au XVIe siècle, cette image de chevalier fougueux fait naître l'expression « monter sur ses grands chevaux », employée pour qualifier une personne qui s'emporte comme au combat et devient agressive lorsqu'elle tente de défendre ses idées.

« Avoir voix au chapitre »

>> Avoir le droit de donner son avis

Née au XVIe siècle, cette expression n'a aucun rapport avec le monde des livres. Elle fait allusion au chapitre des monastères, désignant à la fois l'assemblée des moines, des chanoines ou des religieuses qui gérait les affaires de leur communauté et le lieu dans lequel se tenait cette assemblée. Celui qui « avait voix au chapitre » pouvait participer aux prises de décision et disposait d'une voix lors des délibérations. La vie quotidienne de la communauté dépendant de ces réunions, il était très important de pouvoir y exprimer son avis. »

« Un capharnaüm »

>> Un grand désordre

Cette expression a pour origine un célèbre épisode de la Bible. Dans son Évangile (1,16-34), saint Marc évoque les miracles de Jésus dans la petite cité galiléenne de Capharnaüm où il guérit de nombreux malades. Pour rencontrer le guérisseur prodige, une foule hétéroclite de quémandeurs, malades ou bien portants s'est amassée devant la maison où séjourne Jésus. Cette foule cosmopolite semble être à l'origine de l'expression « un vrai capharnaüm », qui désigne un lieu rempli d'objets en pagaille, à l'image d'une chambre d'enfant par exemple.

Faire porter le chapeau

>> Rendre quelqu'un responsable d'une faute

Depuis toujours, le couvre-chef est considéré comme l'accessoire le plus évident pour déterminer le statut d'une personne. Un casque ou un haut-de-forme d'aristocrate donne en effet des indications assez fiables sur le rôle, le métier ou la condition sociale de celui qui le porte. Apparue à la fin du XVIIe siècle, l'expression « mettre un chapeau sur la tête de quelqu'un », c'est-à-dire un autre chapeau que celui qu'il portait en général, avait donc le sens de « nuire à sa réputation ». Cette expression s'est transformée au fil du temps en « faire porter le chapeau ». Cette formule a pu aussi se construire sur le fait qu'autrefois les hommes étaient à la fois les seuls responsables de la famille et les seuls à porter un chapeau.

À tire-larigot

>> En grande quantité

Cette expression, relevée dès le XVIe siècle chez Rabelais, s'appliquait autrefois uniquement à la consommation de vin. Mais son explication est complexe et son origine controversée. On sait que « à tire » signifiait à l'époque « rapidement » ou « sans s'arrêter », comme dans l'expression « à tire-d'aile ». Quant au « larigot », il s'agissait d'une flûte. Certains ont alors affirmé que les flûtistes, qui usent beaucoup de salive, étaient réputés pour leur amour immodéré de la boisson. D'autres pensent plus simplement qu'il s'agit d'une simple comparaison entre la bouteille d'où l'on tire le vin et la flûte d'où l'on tire des sons.

Faire un tabac

>> Remporter un grand succès

Cette expression est entrée dans le langage courant avec son sens actuel à partir de 1970, mais son origine est plus ancienne. En effet, au XIXe siècle, un « coup de tabac » était une tempête soudaine et violente. Ce « tabac » viendrait de la forme occitane *tabassa* ou *tabasta*, qui signifiait « faire du bruit » mais aussi « cogner », sens que l'on retrouve aujourd'hui dans le verbe « tabasser ». Par homonymie, le « tabas » aurait évolué en « tabac ». Après avoir qualifié pendant des années le tonnerre qui résonne pendant l'orage, le mot s'est naturellement étendu au tonnerre d'applaudissements retentissant à la fin des représentations théâtrales à succès.

« Mi-figue, mi-raisin »

>> Mitigé

À partir de 1487, on disait déjà d'une personne qu'elle était « moitié figue, moitié raisin » pour faire comprendre qu'elle avait à la fois du bon et du mauvais en elle. Le bon était symbolisé par le raisin et le mauvais, par la figue. Cette dernière a toujours eu une connotation négative parce qu'elle était très bon marché ou, selon d'autres linguistes, parce qu'elle ressemble à une fiente animale. Figue et raisin étaient souvent associés car ils faisaient partie des rares fruits secs que les chrétiens pouvaient manger lors du Carême. L'emploi de « mi » à la place de « moitié » daterait du XVIIIe siècle.

26 MAI St Bérenger

Une vérité de La Palice

>> Une affirmation évidente

Cette expression se réfère à un personnage de l'histoire de France : Jacques de Chabannes, seigneur de La Palice. Maréchal de France sous François Ier, il était réputé pour son courage. Après sa mort, une chanson fut écrite à sa gloire affirmant que « s'il n'était pas mort, il ferait envie ». Le texte fut déformé par des esprits moqueurs en « s'il n'était pas mort, il serait en vie ». Puis la chanson fut modifiée dans ce sens et le maréchal fut ridiculisé à jamais. Depuis, on emploie son nom, ou parfois le mot « lapalissade », pour désigner une affirmation tellement évidente qu'elle en est risible.

Une coupe sombre

>> Une restriction massive

Issue du langage technique des forestiers au XXe siècle, cette expression très populaire est **un parfait contresens**. En effet, on l'utilise aujourd'hui pour qualifier des licenciements brutaux ou pour évoquer une très forte réduction dans le budget. Or, au sens premier, quand les bûcherons ou les élagueurs font une « coupe sombre », ils enlèvent **le minimum de branches** pour conserver de l'ombre dans la forêt, contrairement à la « coupe claire » qui consiste à **supprimer de nombreux arbres** pour créer une clairière. On peut imaginer que l'expression « coupe sombre » a pris aujourd'hui une connotation négative en raison du mot « sombre », souvent associé à quelque chose de sinistre.

« Faire ripaille »

>> Festoyer

Tous les linguistes s'accordent à dater cette expression de 1585, mais ils divergent pour expliquer son origine. Pour les uns, elle serait une allusion à la vie dissolue du duc de Savoie, Amédée VIII (1383-1451). À la mort de son épouse, il décida de se retirer au château de Ripaille pour y mener une vie austère. Or, entouré de ses amis, il y aurait organisé d'immenses festins largement arrosés. Pour d'autres, l'origine de l'expression est moins amusante et viendrait du mot « riper », qui signifiait « gratter ». Dans son sens initial, « faire ripaille » signifiait donc « gratter, voler de la nourriture » chez l'habitant, comme le faisaient les soldats en campagne au XVIe siècle. »

On n'est pas sorti de l'auberge !

>> On n'est pas au bout de nos peines !

Cette expression récente est liée au monde du crime. Pour la plupart des linguistes, en argot, le mot « auberge » est synonyme de « prison ». Pourquoi ? Parce que, comme dans une auberge, le prisonnier y trouve le gîte et le couvert. La seule différence, de taille, est qu'il ne peut pas en sortir ! D'autres spécialistes voient dans cette expression une allusion aux meurtres commis au début du XIXe siècle par un couple d'aubergistes ardéchois. C'est l'affaire de l'« Auberge rouge », qui a inspiré romanciers et réalisateurs. Indéniablement, on ne sortait pas facilement de cette auberge !

« Jeter de la poudre aux yeux »

>> **Éblouir par de fausses apparences**

Dans l'Antiquité, les athlètes des Jeux olympiques soulevaient **la poussière des pistes** avec leurs pieds lors des sprints. Ceux qui étaient en tête de la course n'étaient pas gênés. Mais les suivants, **complètement aveuglés** par cette « poudre de terre », ne pouvaient alors défendre leurs chances. Le premier conservait ainsi la tête de la course jusqu'à l'arrivée. Une autre explication serait issue des nuages de poussière que **jette un carrosse** qui passe sur la route aux yeux du modeste piéton, l'aveuglant instantanément.

Dormir comme un sonneur

>> Dormir profondément

Au XIXe siècle, le terme « sonneur » était parfois utilisé pour désigner un ivrogne, car les sonneurs de cloches pouvaient être aussi servants de messe et avaient la réputation de boire le vin de messe en cachette. Mais l'expression, forgée au XXe siècle, fait plutôt référence au sommeil réputé très profond des sonneurs de cloches. Pour certains, ils s'habituaient tellement au bruit qu'il était extrêmement difficile de les réveiller en les appelant. Pour d'autres, les sonneurs devenaient même sourds en raison du son assourdissant des cloches.

Être fleur bleue

>> Être sentimental

Cette jolie expression a été créée par le jeune écrivain allemand Novalis, au début du XIXe siècle. Dans son roman inachevé, *Henri d'Ofterdingen*, cet auteur du mouvement romantique met en scène un trouvère médiéval qui, parti à la recherche d'un idéal, découvre une fleur bleue. Dans l'esprit de l'auteur, elle est le symbole à la fois de la poésie et de l'amour absolu que le jeune héros porte à la belle Mathilde. En traversant le Rhin, l'expression a légèrement changé de sens, et la jolie fleur bleue est devenue synonyme de sentimentalité un peu naïve.

« Faire chou blanc »

>> Subir un échec

Les historiens du langage sont formels : cette expression n'a rien à voir avec le légume de nos potagers. Il semblerait qu'elle soit née dans le monde des jeux de quilles, loisir très populaire en France au XVIe siècle. On disait alors d'un joueur qui n'avait marqué aucun point qu'il avait fait « coup blanc ». Mais pourquoi le mot « coup » s'est-il transformé en « chou » ? Tout simplement parce que, pour les Berrichons, le son « c » se prononçait « ch ». Ainsi, le mot « saucisse » se transformait-il en « chauchiche » ! Et c'est leur prononciation, il est vrai plus amusante, qui aurait été conservée.

« Amuser la galerie »

>> Faire le beau devant une assistance

Jusqu'au XVIIe siècle, la « galerie » était le nom de l'allée couverte où les amateurs pouvaient admirer les joueurs de paume. Ces derniers amusaient donc les spectateurs de la galerie. Mais l'expression pourrait aussi être liée au théâtre. Jusqu'au XIXe siècle, le devant de la scène était réservé au peuple car les nobles craignaient le suintement des chandelles qui éclairaient les comédiens. Avec l'installation de l'éclairage au gaz, les nobles se rapprochèrent de la scène et le peuple gagna les derniers balcons, soit les plus hautes galeries. L'expression « amuser le parterre » qui existait jusqu'alors se transforma en « amuser la galerie ». »

Veiller au grain

>> Être prudent

L'origine de cette expression, utilisée dans le langage courant depuis le milieu du XIXe siècle, ne doit pas être cherchée dans le vocabulaire des paysans, mais dans celui des marins. Le terme « grain » y a en effet depuis très longtemps le sens de « tempête, bourrasque », fréquentes sur les océans. L'expression « veiller au grain » évoquait donc la vigilance face à ces dangers climatiques redoutables. Elle s'est ensuite élargie au langage courant pour signifier « faire attention à un danger potentiel », quel qu'il soit.

Se mettre à poil

>> Se déshabiller complètement

L'origine de cette expression, qui n'est apparue qu'à la fin du XIXe siècle, reste assez mystérieuse. Il semble qu'elle provienne de l'expression « monter un cheval à poil » qui signifiait, depuis le XVIIe siècle, « monter l'animal à cru », à même le poil, c'est-à-dire sans selle ni couverture. Mais c'est le cheval qui, dans ce cas, est tout nu ! Et personne n'explique ce glissement de la nudité de la monture à l'homme. Quoi qu'il en soit, l'expression s'est étendue aux humains et jouit aujourd'hui d'une grande popularité.

Être la pomme de discorde

>> Être la cause d'une dispute

Cette expression, employée depuis la fin du XVIe siècle, provient de la mythologie grecque. Furieuse de n'avoir pas été invitée aux noces de Pélée et Thétis, la déesse de la Discorde jeta parmi les invités une pomme d'or sur laquelle était inscrit : « À la plus belle ». Athéna, Héra et Aphrodite, qui revendiquaient ce titre, se disputèrent le fruit. Sollicité par Zeus, le jeune berger Pâris dut les départager : il offrit la pomme à Aphrodite qui lui avait promis l'amour d'Hélène, la femme de Ménélas et la plus belle femme de Grèce. Les conséquences furent terribles : Pâris enleva Hélène et déclencha la guerre de Troie.

Un jugement à l'emporte-pièce

>> Des paroles incisives et brutales

Employé comme adjectif puis comme nom dès le XVIIe siècle, l'emporte-pièce est un instrument en métal dur employé pour trouer, trancher ou découper. Connu depuis le Moyen Âge, il est encore utilisé de nos jours en cuisine. Mais, dès le XVIIIe siècle, ce mot qualifie aussi une personne au caractère entier et connue pour être particulièrement sévère dans ses jugements. Aujourd'hui, le terme ne désigne plus l'individu mais uniquement ses paroles redoutables, coupantes ou tranchantes comme l'acier.

31 JUILLET St Ignace de Loyola

Les doigts dans le nez

>> Sans effort

Selon la plupart des étymologistes, l'expression serait apparue en 1912 dans le langage des courses hippiques. Quand un jockey remportait une victoire sans aucune difficulté, on pouvait dire qu'il était arrivé premier « les doigts dans le nez ». Cette image montrait de manière familière mais très explicite sa facilité insolente à gagner. Au lieu d'avoir l'esprit complètement occupé par sa course, il aurait presque pu prendre le temps de se mettre les doigts dans le nez, tout comme les enfants insouciants de leur environnement et surtout à l'abri du regard de leurs parents !

« Annoncer la couleur »

>> Être clair sur ses intentions

Comme les expressions « avoir de sérieux atouts » ou « passer la main », cette locution popularisée à partir des années 1930 est apparue dans les clubs où se retrouvaient les joueurs de cartes. Selon toute vraisemblance, elle serait en effet issue d'une habitude des bridgeurs pour qui « annoncer la couleur » signifie proposer une des quatre couleurs comme atout. Son sens est aujourd'hui très large. En effet, dans le langage populaire, l'expression est utilisée aussi bien pour révéler ses intentions que pour commander ses consommations dans un bar !

« C'est comme pisser dans un violon »

>> C'est inutile

Autrefois, l'expression était un peu différente : on disait plus volontiers « c'est comme souffler ou siffler dans un violon ». C'était une manière amusante de se moquer de quelque chose d'inefficace ou d'inutile. En effet, le violon étant un instrument à cordes, il est strictement inefficace de siffler ou de souffler dedans, contrairement aux instruments à vent comme la flûte ou la trompette. Pour augmenter l'effet comique, l'expression a ensuite évolué en « c'est comme pisser dans un violon ». Une drôle de manière d'agir qui, bien évidemment, n'émet pas plus de son !

« Les dés sont pipés »

>> Il y a tromperie

Dès le xve siècle, le verbe « piper » signifiait « tromper ». À partir de ce terme se sont formés de nombreux mots : le « pipeur » était un menteur, une « piperie », une tromperie et la « pipée », une chasse aux oiseaux un peu spéciale. Les chasseurs attiraient en effet leurs proies sur des branches engluées en imitant leurs cris avec des sortes d'appeaux ou de pipeaux. Aujourd'hui, l'expression « les dés sont pipés » a pris un sens figuré et signifie que l'« on a été trompé », car l'affaire était faussée dès le départ. Elle est particulièrement employée dans le domaine du jeu, propice aux malhonnêtetés en tout genre.

À cœur vaillant rien d'impossible

>> Le courage permet tout

Cette expression doit son origine à l'argentier du roi Charles VII, Jacques Cœur (1395-1456). Fils de modestes marchands, il devint l'un des hommes les plus riches de son temps grâce à ses banques et à ses mines. Il fit graver sa devise en ancien français, *« A vaillans cuers riens impossible »*, sur les façades du magnifique palais gothique qu'il construisit à Bourges, sa ville natale. Malheureusement, il ne lui suffit pas de prêter de l'argent au roi pour être protégé définitivement. En butte à la jalousie des courtisans de Charles VII, ce génie des finances fut arrêté et ses biens lui furent confisqués.

Se saigner aux quatre veines

>> Se priver de tout

Apparue assez récemment, cette expression est formée à partir du mot « veine », connu depuis le XIVe siècle comme un vaisseau où circule le sang. En effet, c'est bien dans son sens anatomique et non pas dans celui de « chance » que le mot « veine » est employé dans cette expression. Celle-ci exprime le fait de se priver de absolument tout ce que l'on a pour quelqu'un, y compris son bien le plus précieux : son propre sang, synonyme de vie. Elle fait allusion aux médecins qui allaient jusqu'à saigner les malades « aux quatre veines », c'est-à-dire aux veines de leurs quatre membres.

« Être un cordon-bleu »

>> Être un excellent cuisinier

Institué en 1578 par le roi Henri III, le cordon bleu de l'ordre du Saint-Esprit était la plus haute des décorations. Il était l'équivalent de l'actuelle Légion d'honneur, avant d'être aboli à la Révolution. Son nom qualifiait tout ce qui était du domaine de l'élite. On disait de l'Académie française qu'elle était le « cordon-bleu des beaux esprits » et que les grands chefs étaient des « cordons-bleus de la cuisine ». Selon d'autres sources, la référence culinaire provient des déjeuners qu'organisaient certains porteurs du cordon bleu. Plus tard, ce qualificatif est passé des convives à celui qui préparait le repas.

« Ce n'est pas le Pérou »

>> Ce n'est pas une fortune

Au XVIe siècle, au temps des conquistadors, le Pérou était dominé par le peuple des Incas. La capitale de ce véritable empire, Cuzco, était surnommée par les indigènes le « nombril du monde » en raison de sa puissance, de sa splendeur et de sa prospérité. Ces régions conquises par les Espagnols furent même appelées Eldorado, le « pays doré ». En effet, les mines d'or et d'argent des Incas étaient supposées être inépuisables. Elles firent tant rêver les Européens que le mot « Pérou » devint synonyme de grande richesse ou de gain rapide.

27 JUILLET Ste Nathalie

« Porter les cornes »

>> Être cocu

Utilisée depuis le XVe siècle, cette expression a plusieurs origines possibles. Selon certains linguistes, elle pourrait provenir du mot « cornart » qui désignait, dès le XIIIe siècle, un « imbécile » ou du verbe « escorner » qui signifiait, deux siècles plus tard, « humilier » ou « ridiculiser ». Pour d'autres, les « cornes » sont probablement une allusion au bouc, dont la virilité est bien connue. Quelle que soit son origine, l'expression est vite devenue populaire, y compris dans la littérature. Dès 1661, dans *L'École des maris*, Molière faisait ainsi dire à son personnage Sganarelle : « Je ne veux point porter des cornes, si je puis. »

« Une pasionaria »

» Une militante politique passionnée

Ce terme a été créé à l'origine pour qualifier Dolores Ibárruri Gómez, femme politique espagnole devenue célèbre. Membre de la direction du Parti communiste espagnol à partir de 1932, militante républicaine pendant la guerre civile, elle se fit connaître par son courage sur le front pendant le conflit, ainsi que par sa personnalité et son éloquence passionnées. Réfugiée à Moscou pendant la période franquiste, elle rentra en Espagne après la mort du dictateur en 1975. Son charisme en fit un personnage de poèmes et de chansons.

26 JUILLET Ste Anne, St Joachim

« Faire le zouave »

>> Faire le pitre

Cette expression employée depuis 1901 serait une allusion au corps d'armée des zouaves, formé en 1830 lors de la conquête de l'Algérie. Ces troupes étaient composées de Français et d'Africains du Nord qui s'illustrèrent notamment lors de la guerre de Crimée (1854-1856). Selon certains historiens, l'expression vient de l'extrême sévérité des officiers qui rendait les hommes dociles, au point de les abrutir. Pour d'autres, c'est au contraire une référence à leur incroyable courage qui les faisait apparaître comme fous. Aujourd'hui, l'expression signifie « faire le pitre ».

À Pâques ou à la Trinité

>> À une date incertaine, probablement jamais

Cette expression amusante a été popularisée par les paroles d'une chanson inventée par les Français dès le XVIIIe siècle pour se moquer de John Churchill, premier duc de Marlborough. On chantait qu'il reviendrait « à Pâques ou à la Trinité », tout en signalant à la fin de la chanson que ce brave homme était mort ! Homme politique et fier combattant, ce dernier avait battu les troupes françaises du maréchal de Villars lors de la bataille de Malplaquet, en 1709. John Churchill ayant ainsi survécu à la bataille, les Français redoutèrent qu'il ne revienne un jour les affronter. Alors, comme souvent, les chansonniers voulurent conjurer le sort en affirmant que « Monsieur Marlborough est mort, est mort et enterré ».

« Le nec plus ultra »

>> Le fin du fin

Employée depuis le début du XVIIIe siècle, l'expression latine *« nec plus ultra »* trouve son origine dans la mythologie romaine. Elle apparaît dans les douze travaux d'Hercule quand le héros sépare l'Europe de l'Afrique lors de son dixième exploit. En tapant sur le sol, Hercule fait naître un séisme qui provoque la formation de deux colonnes rocheuses à Gibraltar, appelées depuis les colonnes d'Hercule. Ce lieu lui semblant être les limites du monde, il y grava « nec plus ultra », ce qui signifie « limite à ne pas dépasser ». Le sens initial de l'expression a évolué vers la notion de perfection : c'est forcément parfait puisque l'on ne peut pas aller plus loin ! »

« Être aux abois

>> Être dans une situation désespérée

Cette expression, issue du monde de la chasse à courre, est employée au moins depuis le début du XVe siècle. Les « abois » étaient, dans leur sens originel, le moment précis où un animal pourchassé se trouvait encerclé par la meute de chiens et où sa mort devenait certaine. Puis elle a quitté le monde de la vénerie et a pris, en 1594, le sens d'« être réduit à la dernière extrémité ». L'expression est en effet utilisée lorsqu'une personne a épuisé toutes ses ressources et que la situation est vraiment désespérée. »

24 JUILLET Ste Christine

Avoir le compas dans l'œil

>> Juger les mesures avec exactitude

Attribuée à Michel-Ange sans véritable preuve, cette expression signifie « avoir un regard si précis qu'il constitue en lui-même un instrument de mesure fiable ». Si la date de création de cette expression est incertaine, le terme « compas » était déjà employé au XIIIe siècle pour illustrer l'exactitude. On disait même d'une personne très précise qu'elle était « réglée comme un compas ». Mais, même avec « un compas dans l'œil », il vaut mieux que les architectes vérifient leurs mesures avec des instruments adéquats s'ils ne veulent pas construire une nouvelle tour de Pise !

Donner le change

>> Donner une fausse impression

Cette expression n'est pas née dans l'univers des banquiers, comme on pourrait le penser, mais dans celui de la chasse à courre. Dans le vocabulaire technique des chasseurs de cerfs, le « change » est la « bête changée », c'est-à-dire l'animal que l'on poursuit par erreur à travers les bois en le prenant pour un autre. Le cerf traqué qui réussissait à faire poursuivre une autre bête « donnait le change » et lançait ainsi les chasseurs sur une fausse piste. C'est au XVIIe siècle que cette expression est entrée dans le vocabulaire commun avec un sens figuré.

Avoir plusieurs cordes à son arc

>> Pouvoir faire plusieurs choses

Cette expression, qui remonte au XIIIe siècle, existait à cette époque sous la forme « avoir deux cordes à son arc ». Au fil des ans, elle est devenue « avoir plusieurs cordes à son arc ». La référence à l'arc, dont l'usage et la maîtrise étaient indispensables au Moyen Âge, n'est pas fortuite. Avec plusieurs cordes, on peut répondre à toutes les attaques et parer à toutes les éventualités. On dispose également d'une solution de rechange lorsque l'une d'elles se rompt. L'expression qualifie donc une personne qui a plusieurs moyens d'action ou types de ressources pour parvenir à un résultat.

Être au bout du rouleau

>> Être sans ressources ou sans forces

Cette expression doit son origine au « rôle », un bâton d'ivoire sur lequel étaient collés les parchemins dès l'Antiquité. Au théâtre, il a donné son nom au « rôle » qui désignait le rouleau sur lequel était inscrit le texte de l'acteur. Ainsi, au XVIIe siècle, quelqu'un qui était « au bout de son rôlet », diminutif de « rouleau », ne savait plus quoi dire ou était dans l'embarras. Cette expression a été détachée du milieu théâtral au XIXe siècle pour prendre le sens d'« être sans argent », les pièces étant à l'époque souvent rangées en rouleaux. On emploie également cette locution pour dire que l'on est sans énergie, voire que l'on arrive à la fin de sa vie.

Dès potron-minet

>> Dès l'aube

Au XVIIe siècle, l'expression d'origine venue de Normandie était « dès potron-jacquet », le « jacquet » étant un écureuil dont la particularité était de se lever très tôt le matin. Par ailleurs, le terme « potron » est une déformation de « poistron », lui-même issu du latin *posterio* qui veut dire « derrière ». L'expression signifiait donc « quand l'écureuil se réveille et montre son postérieur ». Elle s'est transformée avec l'urbanisation de la société française : le petit écureuil a été remplacé par le chat, animal beaucoup plus présent en ville, mais tout aussi matinal.

« J'y suis, j'y reste ! »

>> Rien ne me fera partir !

Cette expression aurait été forgée de toutes pièces par le général Patrice de Mac-Mahon en 1855 lors du siège de Sébastopol, en Ukraine actuelle, principal épisode de la guerre de Crimée contre les Russes. Brillant officier, il parvint à s'emparer du fort de Malakoff, site stratégique de la défense de la ville, et occupa la citadelle avec ses troupes. Averti que ses ennemis vaincus allaient faire sauter le fort, il refusa de le quitter et se serait écrié : « J'y suis, j'y reste ! » L'histoire lui donna raison car l'explosion fut de faible importance et le général de Mac-Mahon se couvrit de gloire. Il devint président de la République en 1873.

Avoir quelqu'un dans le collimateur

>> Tenir quelqu'un à l'œil

Empruntée comme beaucoup d'autres à l'univers militaire, cette expression est née au cours du XXe siècle sur les champs de bataille, avant d'être aussi utilisée en temps de paix. Le « collimateur » est un instrument placé sur une arme, un bateau ou un char militaires et qui permet de viser une cible et d'ajuster son tir. Au sens figuré, celui qu'on a placé au cœur de sa cible, en général un subordonné de grade inférieur, se trouve sous surveillance étroite jusqu'à ce que la confiance soit rétablie entre les deux personnes.

« Le fil d'Ariane »

>> Le fil conducteur

Cette expression, connue depuis le XIXe siècle, vient de la mythologie grecque. Elle doit son origine à Ariane, fille de Minos, roi de Crète. Celle-ci était tombée amoureuse de Thésée, venu combattre le Minotaure, un monstre enfermé dans un labyrinthe dont personne n'était sorti vivant. Au moment où Thésée pénétra dans le dédale, il reçut d'Ariane une pelote de fil qu'il déroula au fur et à mesure qu'il avançait, ce qui lui permit de retrouver son chemin une fois la mission réussie. Aujourd'hui, un « fil d'Ariane » désigne plus généralement le moyen qui permet de se diriger au milieu des difficultés.

Une voix de stentor

>> Une voix très forte

Cette expression est une référence à un personnage de *L'Iliade* d'Homère, Stentor, le plus célèbre des crieurs de l'armée grecque au moment de la guerre de Troie. Son rôle était de stimuler l'ardeur et le courage des troupes lors des assauts. Selon Homère, sa voix de bronze était si puissante qu'elle égalait celle de 50 guerriers réunis. Cependant, même en matière de chant, il n'était qu'un homme et ne pouvait pas lutter contre des organes divins. Il trouva la mort lors de sa lutte vocale contre le dieu Mercure. Mais l'histoire ne retint pas cette fin tragique car l'expression « avoir une voix de stentor » fait toujours référence à une voix particulièrement puissante, qui couvre toutes les autres.

Avoir une cervelle d'oiseau

>> Être stupide ou étourdi

Paradoxalement, alors que la tête est le symbole de la pensée, la formulation « tête de » a souvent été utilisée avec une connotation péjorative. Dans cette expression, dont on ignore quand elle est apparue, l'utilisation du mot « oiseau » renforce ce sens négatif. En effet, l'oiseau, notamment le moineau ou la linotte, est considéré à tort comme un animal incapable de réfléchir. Pourquoi cette mauvaise réputation ? Simplement parce que l'on pensait autrefois que l'intelligence était proportionnelle à la taille du cerveau. On sait aujourd'hui que ce raisonnement n'a aucun fondement scientifique, comme le prouve le corbeau, oiseau d'une grande intelligence et capable d'utiliser des outils pour rechercher sa nourriture.

« Être bredouille »

>> Ne rien rapporter

Pour la majorité des historiens, cette expression doit son origine au trictrac, jeu de société très populaire du XIIe au XIXe siècle. Le fait de jouer « bredouille » signifiait, au XVIIe siècle, que l'on gagnait à tous les coups sans laisser un seul gain à son adversaire. Puis, de façon inexpliquée, au cours du même siècle, le terme « bredouille » s'est appliqué au perdant victime d'une défaite cuisante. Très vite, le terme s'est répandu dans le vocabulaire courant pour désigner celui qui ne rapporte rien, qui n'obtient pas ce qu'il souhaite. Ainsi, « être bredouille » caractérise aussi bien un chasseur sans gibier qu'un séducteur sans conquête !

Avoir une épée de Damoclès au-dessus de la tête

>> Être sous une menace permanente

L'origine de cette expression est liée au courtisan Damoclès qui avait exaspéré son maître Denys l'Ancien (430-367 av. J.-C.), le tyran de Syracuse. Il ne cessait de répéter que le bonheur de son souverain était parfait. Or ce dernier souffrait de paranoïa. Pour donner une leçon à Damoclès, le cruel Denys l'invita à un festin. Le flatteur mangea avec bonheur, jusqu'au moment où il s'aperçut qu'une épée était suspendue au-dessus de lui. Comme l'écrivit Cicéron, le message était clair : « Il n'y a point de bonheur pour qui est toujours sous le coup d'une menace terrible. »

Filer à l'anglaise

>> Partir sans dire au revoir

Plusieurs hypothèses ont été formulées pour expliquer l'origine de cette expression apparue en 1890. Il pourrait s'agir d'une déformation du mot « anguille », animal particulièrement difficile à attraper. D'autres affirment que l'expression proviendrait de l'ancien verbe « anglaiser », qui signifiait « voler ». « Filer à l'anglaise » ferait ainsi allusion à la manière qu'a un voleur de s'enfuir après un larcin. La dernière hypothèse est la plus plausible : les Français et les Anglais ne s'appréciant guère, ce serait simplement une vengeance contre les Britanniques qui utilisent l'expression « *to take the French leave* », qui signifie « prendre la fuite à la française ».

Soulever des montagnes

>> Accomplir une tâche très difficile

Cette expression biblique fait référence à l'Évangile de Matthieu (17,19) qui décrit l'un des miracles de Jésus, survenu après que ses disciples ont tenté en vain de faire sortir le démon du corps d'un jeune enfant. Sollicité par le père du garçon, le Christ parvient à l'exorciser avant d'expliquer à ses disciples la raison de leur échec: «Je vous le dis en vérité, si vous aviez de la foi comme un grain de sénevé, vous diriez à cette montagne: "Transporte-toi d'ici là" et elle s'y transporterait, et rien ne vous serait impossible.» Aujourd'hui, cette expression a pris le sens d'accomplir une mission qui semble irréalisable.

« Être collet monté »

>> Être pédant et rigide

Cette expression doit son origine à Catherine de Médicis, reine de France de 1547 à 1559, puis régente jusqu'en 1564. Épouse d'Henri II, elle n'était guère réputée pour sa fantaisie et lança la mode de ces collerettes soutenues par du carton et du fil de fer. Au XVIIe siècle, bien après sa mort, seules les femmes les plus âgées ou les plus guindées en portaient encore. « Être collet monté », qui fut employé dès 1672 par Molière dans *Les Femmes savantes*, devint vite péjoratif. Aujourd'hui, l'expression conserve l'idée de rigidité qui qualifiait autant les collerettes que l'esprit de celles qui les portaient !

« Changer son fusil d'épaule »

>> Changer d'opinion

Cette expression est apparue à la fin du XIXe siècle dans l'univers de l'armée. Chez le soldat, en effet, le fusil est souvent la chose la plus apparente, celle qui peut le caractériser le plus facilement de l'extérieur. Dans l'expression, le fusil est donc une image qui représente les opinions connues, le point de vue affirmé ou l'attitude d'une personne. « Changer son fusil d'épaule » signifie donc « changer d'avis ou d'opinion », de manière très visible. Comme un soldat qui, chose surprenante, modifierait tout à coup la façon de tenir son fusil !

Rouler quelqu'un dans la farine

>> Duper quelqu'un

Au XIXe siècle, cette expression serait née de l'alliance subtile du verbe « rouler », qui signifie « duper » ou « tromper », et du terme « farine » qui a longtemps été utilisé pour qualifier un argument trompeur ou un déguisement. Ainsi, la farine servait-elle, autrefois, au maquillage des comédiens. Avec ce déguisement économique mais efficace, ils n'étaient pas reconnus par les spectateurs. « Rouler quelqu'un dans la farine », c'est donc le tromper doublement !

Faire l'école buissonnière

>> Ne pas aller à l'école

Les historiens du langage proposent plusieurs hypothèses pour expliquer l'origine de cette expression, connue dès le XVe siècle. Elle pourrait être une allusion aux buissons dans lesquels se cachaient les enfants qui refusaient d'aller à l'école. D'autres affirment que l'école était qualifiée de « buissonnière » parce que les élèves la fréquentaient si peu qu'il y poussait des ronces et des buissons. Pour certains linguistes, il pourrait également s'agir des écoles clandestines qui étaient tenues au Moyen Âge en pleins champs pour faire concurrence aux écoles des curés.

« Discuter à bâtons rompus »

>> Dialoguer sans suivre de fil conducteur

Pour la majorité des linguistes, cette expression a une origine musicale et militaire et fait référence à une manière particulière de jouer du tambour. Entre deux roulements de tambour habituels, les soldats frappaient parfois deux coups plus lents avec leurs baguettes, ce qui produisait un son différent. De cette manière, ils changeaient de rythme tout en continuant de jouer. « Discuter à bâtons rompus », c'est utiliser sa voix, son instrument vocal, de manière continue, mais changer de sujet de conversation au hasard de ses envies.

« Avoir un grain »

>> Être un petit peu fou

Connue dès 1640, cette expression est une forme simplifiée d'« avoir un grain de folie », c'est-à-dire un tout petit peu de folie. En effet, le « grain » était autrefois une unité de mesure utilisée par les bijoutiers, les orfèvres et les pharmaciens. Trois métiers où les doses vendues sont en général très limitées, soit parce qu'elles sont dangereuses en grande quantité, soit parce qu'elles sont hors de prix. De la même manière, une personne qui « a un grain » n'est pas véritablement démente puisque sa folie est limitée au grain. Cette expression caractérise donc plutôt quelqu'un d'assez original.

Gagner son pain à la sueur de son front

>> Gagner sa vie en travaillant dur

Cette expression fait référence à un célèbre passage de la Bible. Dans le livre de la Genèse (3,19), on peut en effet lire : « Tu gagneras ton pain à la sueur de ton visage jusqu'à ce que tu retournes dans la terre d'où tu as été tiré. » La date d'apparition de l'expression dans le langage commun n'est pas connue. Ce qui est certain, c'est que le pain symbolise depuis très longtemps le travail ou la récompense reçue en échange d'un labeur. La preuve en est que l'expression « gagner son pain » pour signifier « gagner sa vie » existe depuis le début du XIIIe siècle !

Donner le coup de grâce

>> Porter le coup fatal

Cette expression, qui remonte au Moyen Âge, était initialement une allusion au dernier coup porté par le bourreau à un condamné à mort pour abréger ses souffrances après une longue torture. Son sens a légèrement évolué par la suite. Il ne s'agit plus alors d'apaiser la douleur de quelqu'un mais, au contraire, de lui porter le dernier coup sans état d'âme et même, le plus souvent, avec violence. Dès le XVIIe siècle, c'est le sens figuré qui l'emporte et le « coup de grâce » évoque alors ce qui a permis de remporter une victoire sportive ou politique.

« Être riche comme Crésus »

>> Posséder une immense fortune

Célèbre personnage de l'Antiquité, Crésus était le roi de Lydie, en Asie Mineure, six siècles avant notre ère. Sa fortune était considérable. Il résidait en effet sur les rives de la rivière Pactole dont les eaux étaient, selon la légende, chargées de milliers de paillettes d'or. Fier de ses richesses, Crésus était aussi un homme cultivé qui aimait recevoir les poètes et les philosophes de son temps. Il a inspiré plusieurs expressions comme « être un Crésus » dès le XVe siècle. La forme actuelle de cette locution ne s'est popularisée qu'à la fin du XVIIe siècle.

« Bayer aux corneilles »

>> Perdre son temps stupidement

Cette expression n'a rien à voir avec le fait de bâiller quand on est fatigué ou que l'on s'ennuie. « Bayer » est en effet un mot d'ancien français apparu dès le XIe siècle et encore fréquemment employé par Rabelais au XVIe siècle. Il signifie « être bouche bée », c'est-à-dire « avoir la bouche ouverte ». Il caractérise donc une hébétude un peu niaise. Et bayer en direction des corneilles renforce cette connotation péjorative : ces oiseaux étant posés sur des arbres, quelqu'un qui « baye aux corneilles » regarde donc vers le haut avec la bouche ouverte. Ce qui donne rarement l'air intelligent !

Faire des ronds de jambe

>> Faire des politesses excessives

Née au XXe siècle, cette expression qualifie les gens cherchant à séduire ou à plaire à tout prix à leurs interlocuteurs. Certains tentent de le faire par leur discours ou par leurs compliments outranciers. D'autres minaudent ou exagèrent les marques de politesse par des gestes ridicules, très amples, parfois proches de la chorégraphie. D'où l'expression « faire des ronds de jambe » qui évoque une figure particulière de danse, où la jambe décrit un demi-cercle qui ressemble un peu à une révérence ou à une courbette.

« Passer l'arme à gauche »

>> Mourir

Datant du début du XIXe siècle, cette expression trouve son origine dans l'univers du combat. Dans un duel, la main qui tient l'épée ou le fleuret était généralement celle de droite. « Passer l'arme à gauche » à son adversaire, c'était la lui arracher de la main droite. Il était donc dans ces moments-là beaucoup plus vulnérable et l'on pouvait ensuite aisément le tuer. Il faut aussi savoir que le côté gauche a longtemps eu une valeur négative. Par opposition à la droite qui, comme son nom l'indique, symbolisait le bien, la gauche était ce qui était déviant, anormal, maléfique.

Apporter de l'eau au moulin de quelqu'un

>> Donner des arguments à quelqu'un

Cette expression trouve son origine pendant la Renaissance, à l'époque où les moulins étaient des auxiliaires précieux de la vie économique. Certains avaient besoin de la force du vent pour entraîner leurs ailes. D'autres fonctionnaient grâce au courant aquatique qui faisait tourner leurs immenses roues à aube. Au XVIe siècle, « apporter de l'eau au moulin de quelqu'un » signifiait qu'on lui procurait un avantage matériel, comme l'eau ou le vent qui permettait au meunier de travailler, et donc de s'enrichir. La locution est ensuite devenue plus abstraite et l'eau a désigné le bénéfice, puis l'argument. Aujourd'hui, l'expression est limitée au domaine des débats.

« Il n'y a pas photo »

>> Il y a une nette différence

Cette expression est née au milieu du XXe siècle dans le monde des courses hippiques. En effet, à l'arrivée des chevaux, les commissaires des courses ne parviennent pas toujours à déterminer avec précision quel cheval a franchi la ligne d'arrivée le premier. La précision étant de mise pour ne pas fâcher les parieurs qui pourraient s'estimer lésés, les directeurs des compétitions ont recours à la photographie depuis près de cinquante ans pour départager les concurrents. Inversement, si le résultat est net et que les chevaux arrivent avec un écart significatif, « il n'y a pas [besoin de] photo » !

« Revenir à ses moutons »

>> Revenir au véritable sujet

Cette expression a été créée de toutes pièces par l'auteur inconnu de *La Farce de Maître Pathelin* (1464). Dans cette comédie, le marchand Guillaume est trompé par deux coquins qui lui volent des draps, puis des moutons. Lors du jugement au tribunal, il se trouble et évoque les draps alors que le procès porte sur les moutons. Si bien que le juge se fâche et lui déclare : « Ne savez-vous revenir au sujet sans entretenir la cour de telles baveries ? Revenons à ces moutons ! » L'expression a aujourd'hui le même sens et s'emploie très souvent après une digression. »

Un miroir aux alouettes

>> Un piège séduisant

Cette expression est une allusion à une très ancienne **technique de chasse** utilisée pour attraper les oiseaux. Dans le vocabulaire des chasseurs, un « miroir aux alouettes » est en effet un morceau de bois taillé en arc et garni de minuscules bris de miroir. Cet assemblage que le chasseur fait tourner à l'aide d'une ficelle attire les oiseaux **grâce aux reflets du soleil**. Intrigués par ces lumières, les oiseaux s'approchent de l'appât. Les chasseurs peuvent ainsi facilement les attraper ou leur tirer dessus.

Tirer au flanc

>> Éviter le travail

L'origine de cette expression employée depuis 1881 doit être recherchée dans le vocabulaire militaire. Elle est formée du verbe « tirer » qui avait alors le sens de « prendre la direction de ». On disait en effet que le soldat qui voulait éviter les situations les plus dangereuses lors des batailles « tirait », donc « rejoignait les flancs » de l'armée, là où le feu ennemi était le moins nourri et là où il serait le plus à l'abri. Plus tard, le sens s'est élargi pour désigner les soldats qui fuient les corvées et qui préfèrent se reposer. De nos jours, elle est toujours employée de manière péjorative pour qualifier une personne de paresseuse.

« Rendre les armes »

>> S'avouer vaincu

Connue dans la seconde moitié du XIVe siècle, cette expression a beaucoup été utilisée dans le langage romantique où il était d'usage de comparer les relations amoureuses, et plus principalement l'art de la séduction, à une forme de défi, tel un combat de chevalerie. Ainsi, quand un séducteur « déposait les armes », c'est qu'il renonçait à sa conquête amoureuse. Il reconnaissait avoir échoué dans ses tentatives de séduction, ses charmes n'étant pas à la hauteur de ses ambitions ou la belle, trop farouche.

« Un jugement de Salomon »

>> Un jugement brutal mais sage

C'est dans la Bible que cette expression trouve son origine. Un récit de l'Ancien Testament, dans le premier livre des Rois, retrace un épisode de la vie de Salomon, fils de David, qui régnait à Jérusalem au début du Ier millénaire avant Jésus-Christ. Réputé pour sa sagesse, le souverain proposa de couper en deux un nourrisson dont deux prostituées se disputaient la maternité. Par ce jugement en apparence brutal, le roi Salomon régla le litige car il put ainsi identifier la véritable mère : celle qui préféra céder l'enfant vivant à l'autre, plutôt que de le voir tuer. Salomon lui fit alors remettre le nourrisson.

25 JUIN St Prosper

Avoir un œil au beurre noir

>> Avoir un coquart

Apparue dans sa formulation actuelle au XIXe siècle, l'expression était déjà connue au XVIe siècle sous la forme plus explicite « avoir un œil poché au beurre noir ». Les linguistes estiment d'ailleurs que le mot « œil » est probablement une simple transformation du mot « œuf ». En effet, les cuisiniers surnomment « beurre noir » le beurre qui blondit légèrement lors de la cuisson et teinte le blanc des œufs cuits sur le plat. Dans cette métaphore, l'œil serait donc une allusion au jaune et l'hématome, au blanc de l'œuf coloré.

Boycotter quelque chose

>> Refuser quelque chose

L'origine de cette expression vient de Charles Cunningham Boycott (1832-1897), un riche propriétaire terrien irlandais. Alors que son pays subissait une effroyable famine en 1879, cet homme sans scrupules exigea de ses fermiers des loyers très élevés. Mobilisés contre ces pratiques impitoyables, les paysans s'unirent au sein d'un même mouvement. Ils refusèrent de payer leurs loyers et même de moissonner leurs récoltes, ce qui entraîna la ruine du riche propriétaire. Le nom de Boycott devint synonyme de ce type d'actions et passa progressivement dans le langage courant à partir de la fin du XIXe siècle.

En cinq sec

›› Efficacement et rapidement

Cette curieuse expression est née dans les salles de jeux de cartes, vers la fin du XIXe siècle. Remporter une partie « en cinq sec » signifie en effet « jouer en cinq coups », en obtenant cinq points consécutifs face à son adversaire sans en perdre un seul. C'est-à-dire gagner à tous les coups, le plus rapidement possible. Les plus petits nombres premiers sont d'ailleurs souvent utilisés dans les expressions pour signifier la rapidité, comme dans « en deux temps, trois mouvements » ou « en deux ou trois coups de cuillère à pot ».

Honni soit qui mal y pense

>> Honte à celui qui a mauvais esprit

Cette expression a été employée pour la première fois par le roi anglais Édouard III. Lors d'un bal, sa maîtresse perdit la jarretière bleue qui maintenait son bas. Le roi la ramassa sous les murmures des nobles qui raillaient ce couple illégitime. Furieux, le souverain aurait déclaré : « Messieurs, honni soit qui mal y pense ! Ceux qui rient seront un jour très honorés de porter un jour ce ruban. » Le souverain tint cette promesse en créant le prestigieux ordre de la Jarretière en 1348, formé de 13 chevaliers seulement et dont la devise était : « Honni soit qui mal y pense. »

« Élever à la spartiate »

>> Éduquer très durement

Dans la Grèce antique (IVe siècle av. J.-C.), la ville de Sparte était une puissance politique redoutable et la principale rivale d'Athènes. Les enfants, sélectionnés en fonction de leur force physique, de leur santé et de leur carrure, y recevaient dès leur plus jeune âge une éducation militaire très poussée : on les habituait à la rigueur et aux conditions les plus rudes afin qu'ils puissent protéger leur cité. Cet entraînement intensif de plusieurs années portait ses fruits : les Spartiates comptèrent pendant des siècles parmi les soldats les plus redoutés de la Grèce classique !

« Être laconique »

>> S'exprimer en peu de mots

Au temps de l'Antiquité grecque, les citoyens de Laconie, région du sud-est du Péloponnèse, étaient réputés pour leur vaillance au combat et pour leurs mœurs austères. Mais leur caractéristique principale était la brièveté de leurs conversations. Peu enclins au bavardage, ils avaient l'habitude de dire les choses de manière lapidaire. Pour annoncer la victoire contre Athènes qui mit fin à la guerre du Péloponnèse (431-404 av. J.-C.), ils envoyèrent à Sparte un simple message ainsi rédigé : « Athènes prise ». Aujourd'hui, l'expression est souvent utilisée pour qualifier une réponse plus brève que celle que l'on attendait. »

Un coup fourré

>> Un coup tordu

Cette expression doit son origine à un coup très populaire chez les escrimeurs du XVIe siècle: l'un des combattants touchait son adversaire au moment précis où ce dernier l'atteignait. C'était donc un coup doublé, un coup « fourré », comme un manteau peut être doublé avec une fourrure. Dans un tout autre univers, les faux-monnayeurs avaient pris l'habitude de faire passer pour des pièces d'or des pièces de plomb ou de cuivre recouvertes d'un mince filet d'or. C'est-à-dire des pièces « fourrées ». Dès la fin du XVIe siècle, ces deux origines se sont mêlées dans l'expression « coup fourré » pour lui donner le sens de « coup tordu ».

Le temps des vaches maigres

>> Une période de privations

Cette locution d'origine biblique est apparue pour la première fois dans la Genèse, premier livre de l'Ancien Testament. Dans un rêve, Pharaon, souverain d'Égypte, avait été averti que son pays allait vivre une période de prospérité suivie d'une période de pauvreté. La première était symbolisée dans son songe par sept vaches grasses, chacune représentant une année d'abondance. La seconde était représentée par sept vaches maigres qui symbolisaient sept années de disette. Mais l'histoire n'a retenu que ces dernières !

La douche écossaise

>> Un traitement très contrasté

Née à la fin du XIXe siècle, cette expression fait allusion à une curieuse pratique thérapeutique assez populaire en Écosse. Il s'agissait d'alterner des jets d'eau très froids et très chauds sur le corps pour tenter d'activer la circulation sanguine. Cette hydrothérapie, proche du sauna scandinave et finlandais, était supposée apporter une grande tonicité à ceux qui s'y soumettaient. Par extension, son sens figuré d'« alternance de bonnes et de mauvaises nouvelles » ou de « revirements de situation qui s'enchaînent » s'est développé à partir des années 1930.

« Entrer en lice »

>> Débuter une compétition

Au XIIe siècle, les lices étaient les barrières qui entouraient les champs où se déroulaient les célèbres tournois de chevaliers. « Entrer en lice » signifiait donc, à l'origine, « pénétrer sur le lieu de la joute ou du combat ». Depuis le XVIIe siècle, cette expression s'emploie au sens figuré à propos d'une personnalité politique qui doit participer à un débat ou commencer une campagne électorale. Elle est également utilisée dans le domaine sportif lorsque les équipes entrent sur le terrain où va se dérouler le match. Deux univers moins dangereux que les combats de chevalerie, mais souvent moins courtois !

Prendre ses cliques et ses claques

>> Prendre précipitamment ses affaires

Connue depuis au moins le XIXe siècle, cette expression comporte de nombreuses variantes locales. Le terme «cliques» fait référence au bruit des sabots qui frappent le sol rapidement et celui de «claques», au nom local de diverses chaussures. «Prendre ses cliques et ses claques» signifiait donc «rassembler ses chaussures» pour se préparer à partir le plus vite possible. Puis le sens a évolué en «emporter toutes ses affaires de manière un peu désordonnée».

Ce n'est pas la mer à boire

>> Ce n'est pas difficile

Les premières apparitions de cette expression datent de la seconde moitié du XVIIe siècle. Jean de La Fontaine est en effet l'un des premiers à la mentionner dans sa fable *Les Deux Chiens et l'âne mort*. Elle a d'abord été utilisée sous sa forme positive : « c'est la mer à boire » signifiait d'une chose qu'elle était particulièrement compliquée à réaliser. D'autant plus que, à l'époque, les grandes expéditions avaient déjà révélé l'extraordinaire étendue des mers du globe. Logiquement, boire la mer pouvait donc paraître bien difficile, même avec une immense paille !

Index

Réduire à la portion congrue

>> Réduire au minimum

Cette expression est une référence directe à la dîme, impôt que les paysans versaient au clergé sous l'Ancien Régime. Cette dîme était en réalité perçue par des membres du haut clergé qui en reversaient aux curés une toute petite partie appelée « portion congrue ». Cet argent devait leur permettre de vivre convenablement, l'adjectif « congru » étant issu du latin *congrus* qui signifie « adéquat ». Mais cette somme était calculée au plus juste par la hiérarchie qui voulait, bien sûr, garder la part la plus importante. Par conséquent, « être réduit à la portion congrue » est vite devenue synonyme de « revenus faibles ».

Index

Nous tenons à remercier
pour leur contribution à cet ouvrage :

Brigitte Legendre, Jean Michel Billioud, Jessica Binois, Jean-Louis Broust, Marjolaine Gaudard, Armelle Goraguer, Emmanuelle d'Harcourt, Damien Hervé, Laura Levy, Laure Maj, Fabrice Malbert, Laëtitia Robaeys, Catherine Schram, Véronique Sem, Karine Van Wormhoudt, Marie-France Wolfsperger.
Photogravure : Emmanuel Roc et Christelle Liauté pour Roc pré-presse.

Crédit photographique :
Couverture : Gettyimages/Aaron Mccoy.

33, rue du Petit-Musc
75004 Paris
www.playbac.fr

ISBN : 9782809604047
Dépôt légal : octobre 2010
Imprimé en Chine.

Index

Index

Index

Index